這樣拜，才有錢。

中壢三山國王聖安宮總幹事
王品豊 著

暢銷書《這樣拜才有效》作者，助您發財最新力作

拜對了，才能送窮迎富、引財入庫！

為什麼我沒有錢？為什麼我的錢總是留不住？為什麼我拜了這麼久，老天爺都沒有幫助我？
同樣都在拜，為何別人有效我卻沒效？原因出在哪？

你知道嗎？求財不能只拜財神爺，更要拜天公、地藏王、以及觀音菩薩，清除求財障礙、化解破財因素，才能順利招財入庫！

拜拜求財不是燒香鞠躬就好，本書教你正確求財步驟和方法，讓你順利補庫、進庫、開庫，
拜對了，才能讓無形財化為有形財，讓財富源源流進你的口袋。

本書附錄
送窮神拜拜步驟
讓你拜拜有訣竅，
順利送窮迎富！

作者序

給求財之路上，摔了一跤的大人們

二〇一〇年，在無心插柳的情況下出版了《這樣拜才有效》，當初只是很單純地想把自己拜拜的方式和心得做一個分享，適時春光出版也正在醞釀出版一本有關宗教拜拜的書籍，於是便在雙方有志一同下將該書付梓完成。

讓人意外的是，《這樣拜才有效》竟然一出版就獲得注目及好成績，令我驚訝的並非銷量，而是有這麼多「無助」的人，或是有興趣卻對拜拜很陌生、不知從何下手的人，尤其是當讀者的詢問留言擠爆我的部落格時，字裡行間總是能讓我深深地感受到那股曾經滄海難為水的辛酸與無奈，或許也正是在倍嘗艱辛之後，突然發現這本書，因此興起了姑且一試的希望。而這普遍的態度，不禁讓我想起若干年前的我和我的朋友們。

今年初時我和一位相識多年的好友一起到台北松山奉天宮拜拜，途中我想起附近有一家非常可口的炒貓耳朵小店，一時興起便拉著他一塊大啖一番，他邊吃邊想起四年前也是我帶著他來吃貓耳朵，那時的他受公司刑事案件的牽連，差點身繫牢籠，但案情懸宕始終吉凶未卜，讓他終日寢食難安。如今事過境遷，他不禁感慨地說，同樣都是吃著美食貓耳朵，卻是不一樣的兩種心情。

他的感喟讓我想起那一年他的確非常的狼狽，而他也像隻無頭蒼蠅一樣，為了讓自己能重獲自由之身，毫無任何關係背景的他，只能像瘋了似的到處求神拜佛，希望能夠從中得到神蹟顯現。剛開始他並沒有採用我給他的建議，用我求神拜拜的方式尋求解套（事實上我的確因為這些方法獲得實效），直到兩年後，無計可施的他終於決定用我的方式做最後的孤注一擲。我告訴他求神拜拜一定要有步驟以及方法，並不是三炷香插上，就把一切問題丟給神明處理，這是一般人最要不得的想法！在諸多讀者的留言中，我最常聽到的就是：「我也有在拜啊！」（此言差矣，拜拜要有說法和方法）、或是「神明都知道啦！」（這種想法更糟，神明一定知道，但沒有說法和方法，祂沒有義務一定要幫你！）

別說神明不夠慈悲，神明會幫的人大體來說一定具備兩個要件：一是你夠誠心，二是你夠懺悔！

沒有懺悔心又沒有誠心的人，神明沒有絕對的義務要幫你！如果每一個人在不一樣的人生中各自摔跤，法力無邊的神明對於受苦的人絕對是選擇性的提供幫助。換言之，將心比心，如果有一天你有能力救人，我相信你也會選擇值得你救的人，適時地伸出援手；對於踢到鐵板還不知自我醒悟的人，相信你也會悲憐地等待他做好準備後，再出手拉他一把吧！

以前有位師父常跟我說：「神明是菩薩心腸、夜叉手段」，那時我還年輕不懂得他話中的含意，當自己步入中年之後，對於宗教、膜拜有更深一層的認識時，才覺得他的話一點都沒錯。神明是慈悲的，但是神明不能利用祂的職權，干涉每個人的因果，但祂會試圖改變你的意念，或是在某些不特定時刻，給予你一些「不經意」的暗示。例如某些靈感或是某些人的某句話，在決定的關鍵前夕，讓你產生另一種不同的思考。神明能做的只有這些，但大部分的人都忽略了這樣的機會，因為人們猶如中箭的野豬，中箭的剎那驚慌逃竄，中箭之後奄奄一息，當獵狗循聲而來，野豬只能坐以待斃，最後成為獵人與狗的晚餐。

人們異於野豬是因為人們具有靈性思考，一旦中箭甚或在危機四伏之前，就懂得小心思考自己的一切想法、行為是否潛藏危險因子，乃至傷害發生時，更應抱著反省的能力試圖重振，若是自認回天乏術力有未逮，想要祈求借助神力，則應該以無比的恆心和懺悔力，虔誠的祈求神明以他們的功德解放你的業力。但要記得的是：業力是你的，不是神明的，要脫離困境不能只靠神蹟顯現，自己不虔誠、不謙卑、不行動，猶如一身僵硬的溺水之人，不願配合救生員一起向上划水，最後不但自己無法得救，也會連累救你的人一起滅頂。

吃貓耳朵的朋友後來明白了這個道理，他一方面重新出發找到新工作（收入很微薄），一方面幾乎所有休假的時間都用來拜拜祈求，在短短的七個月內，他的人生從谷底竄起，在這七個月中他感受到人生中諸多不可思議的改變。他的刑事訴訟由原本的判刑三年改為易科罰金二十萬，且可分期付款；除了他的本薪之外，他接了許多副業，例如規畫商品、行銷企畫之類，妙的是這此客戶都是他以前的舊識！在因緣巧合下相遇，憶起他以前的工作表現，於是主動將案子委託給他。幾個月下來，他的副業收入已經遠遠超過他的本業收入數倍。

按理說，他應該可以離開他的本業好好經營他的副業，但他最後仍然選擇留在目前的崗位上。在他祈求、拜拜的過程中，他也深深地覺得一個人的擁有與富足，並不在於他的存款數字，而是他生命過程中儲存了多少付出與回饋的能量。他不誦經也不做拜懺，只是固定將每個月收入按百分比提撥做善款支出。現在的他樂在其中，也體會出「坐而修不如起而行」來得效果恢宏，他將他所做的每一件有意義的事視爲「功德」，並將這些「功德」迴向給當初對他伸出援手的神祇們。

在這個過程中，他感受到：**誠心→懺悔→啓發→補過→賜福→感恩→回饋**，這些機制就像完整配套的生命吉凶防護功能，一旦建構完成，不僅可以補救我們過去的失敗損失，未來如果這套機制仍然完整的運行，也可說是終生的防護系統，不僅自己可以蒙受其利，甚至家人或朋友也可以因此而獲得生生不息的生機。

很多人常說：「生命會自己找到出口」，我認爲這句話在這個年代似乎已有更改的必要，生命的確可以找到出口，但是生命的內涵如果不是謙卑的、虛心的、主動的、堅毅的、和諧的、付出的，即使找到另一個出口，也會因舊事重演而繼續在那個出口內困頓與懊悔。

在人生歷程中摔跤不是偶然，在摔跤後學習如何站起來、或是學會以後不再摔跤才是必然，除非你摔不怕並且以此爲樂，否則你不妨試著用本書的方法，爲自己建構一套己利利人的防護系統。

本書的內容沿襲上一本書《這樣拜才有效》的風格，但卻鎖定更精準的主題來教導大家如何透過拜拜，讓每個人都能在財運上心想事成。因此，本書不是告訴你去哪一間廟求財或是借發財金，而是告訴你正確的方法與作法，讓你明白宇宙間的陰陽法則定律，並在這個定律內，以正當、正信、合法、不破法界定律的方式取得你想要的財富。

因此在本書的章節中，我將會先告訴大家阻礙個人財運的原因爲何？是

「個人業力」還是「家族業力」？再告訴各位如何借由三赦（天赦、地赦、天地渡化）消除這些業力和阻力；最後，是三庫取財的方法，告訴你如何補庫、進庫、開庫以及天地運財。

以上的方式如果運用得當（確切執行），心態調整正常（知足與施捨），我願在此以我師尊之名承諾人人必能隨心滿願、皆大歡喜。

最後，我要聲明的是：這本書是秉承法界的意旨而寫，初衷本意並不是要教大家衍生無窮的欲望，而是要讓大家在自我滿足之後，更能深刻體會人飢己飢、人溺己溺的博愛精神，並能己達達人的幫助每個人遠離煩惱與困頓，若有人因本書而受惠，我僅將這一切「功德」迴向於我的師尊及本書中提及的法界諸神。

王品豊

目錄

第一章

為什麼
我沒有錢？

- 為什麼我家的窮神趕不走？
- 窮不是問題，受挫才是關鍵
- 「個人業力」為何會影響財運？
- 「家族業力」為何會阻礙求財之路？
- 求財之前先還債！解決「業力問題」清除求財障礙

自從二〇一〇年五月出版了《這樣拜才有效》一書之後，很多讀者朋友或網友透過各種管道問我如何增強財運或是工作運。這兩個問題幾乎是所有人最關注的，但是如果從另一方面思考，在「我想賺很多錢」的前提下，是不是應該要先問「爲什麼我沒有錢？」

如果把拜神祈求，當作是醫生診斷病情，那麼一個人有錢就代表他是健康體，而沒錢才是「病體」，有「缺錢病」當然必須把原因找出來，才能對症下藥予以根治，而不是一昧的希望透過法力無邊的神，悲憐賜財或賜福。要知道**神明的賜予通常給的是能量，能量代表機會，但是當事人如果不能好好把握機會，只是憑空等待天降財富，事實上也就失去了拜拜的意義**。

因此，針對「爲什麼我沒錢」這件事來說，如果想要從拜拜上來探討，就必須把層面擴及至陰陽相對論。陰陽是很抽象的理論，「陽」代表顯現出來的可知事物，「陰」則代表正在孕育中的未知事物，如果將這一說法套用在「有錢」與「沒錢」上，那麼有錢就是「陽」，因爲錢進了你的帳戶，你看得見摸得著，所以爲陽；而沒錢則代表未知的「陰」，可能有可能沒有，可能很多也可能少到讓你很不滿意。大部分的人懼怕的就是「未知」，因爲每個人都有很多的欲望，所以很希望可以先「預知」未來，以便安排自己的欲望先後順序。但是，並不會有任何大仙大神可以這樣滿足你，宗教上說，人間是個道場，它是讓你來學習以及了卻人生課題的，如果凡事都讓你一目了然，那麼人生豈不是缺少了奮進的力量？若拿考試來譬喻，考前如果人人都知道試題，豈不是人人都拿第一？那麼不就缺少了考試的意義？

但是人生畢竟不是考試，宗教說得好，人生是來自於過去世的考試不及格，才有給予今生修補的機會，而在今生要修補哪些課題？這是未知的，只能在事情發生過後，以圓滿與否作爲過關的標準。不圓不滿就會有缺陷，缺陷是陰，產生出來的怨懟、挫折、悲苦、抱憾等情緒和實質反應就是陽，陰陽消長充滿每一件事物的表面與內在，你想躲也躲不過，這就是因果關係。

因果關係會發生在不同的人事物上，肇因於不「圓滿」，單就錢財與機運來說，當然也會造成富有與貧窮的不同結果。因此，拜神時向神明發出「爲什麼我沒錢」的請示，正是本章要告訴各位如何告別沒錢的入門檻。

為什麼我家的窮神趕不走？

記得以前曾經看過一部日本電影，描述一個遭逢父母離異的城市小孩，被媽媽送回鄉下窮苦的娘家，與貧窮的外婆一起生活一段時間的故事。城市小孩每天上學時，外婆總會幫他準備一個白飯便當，上面放著一顆酸梅或是幾片醃蘿蔔乾。某天晚上臨睡前，小孩想到他的便當和同學的大魚大肉便當，於是懵懂地問著外婆：「爲什麼我們家這麼窮？」

外婆沉默了許久不說話，半晌，才語重心長地說：「我們家並不是現在才開始窮，早在三代以前我們家就這麼窮了，所以我們要習慣窮人的生活。」

在現實的社會中，很多人並不是一開始就窮，即使是一開始就窮也不會像這位阿嬤一樣，一開始就認清自己的身份階級而安貧樂道，所以當很多人在自怨財富匱乏的同時，仍會不斷地找尋生財致富之道。然而很令人氣餒的是，同樣的學歷、同樣的資歷、同樣的努力，有時得到的卻是不平等的回饋。有句話說：「努力不一定會成功」，這句話聽起來就像是失意者的感嘆！

我有位朋友的爸爸是個機械天才，他一生只研究如何打造螺絲，同時也開發了許多高難度的工業用螺絲，提供給全世界各地的知名機械廠使用。但是，絕對不會有人相信他的工廠位於遠遠的南台灣，工廠內只有兩條生產線，從外表看起來就像一般的家庭代工，任誰也不會想到他所生產的產品行銷全球。

這位朋友的爸爸一生負債累累，雖然他有很好的技藝和發明頭腦，但是生命中的遭遇不是遇到侵佔的合夥人、就是產品被仿冒，勞力的付出與他應有的收入實在相差太遠，讓人難以置信。

幾年前，這位朋友的爸爸突然檢查出罹患大腸癌，消息一出嚇壞全家，朋友的爸爸首次面臨生死難關的考驗，反覆思考之後，他決定放棄努力了一生的事業安心就醫，理由是回首前半生已費盡心力，面對未來生死未卜，與其這樣辛苦地活著，不如放下一切徹底面對健康問題。此後，朋友的父親認眞接受治療、改變生活作息，大部分的時間都會帶著太太一起去爬山、游泳，他開始認眞經營生活，擺脫過去爲工作奔忙的生活形態，去年據說他還參加單車遊中國，讓生命的每一天都過得非常精采。

最近聊天時，朋友的父親總是語重心長地說，過去和現在的生活兩相對比，終於比對出爲什麼他這一輩子庸庸碌碌卻看不到他想要的財富，他把窮的原因歸咎於他的忙都是「瞎忙」。事實上，他覺得自己並不是窮，而是不得志，當年與他一起長大的朋友很多都是某公司或某工廠的老闆，而他卻委屈在南台灣的窮鄉僻壤，這讓他很「鬱卒」，所以驅動他想發明更好的螺絲，以便在成就上超越他的兄弟哥兒們。

但生病之後從鬼門關繞一圈回來，他那想要與人一較長短的好勝心，突然有了另一種省思，他發現生命一旦落幕，一切也就隨塵埃飛揚無蹤，既然如此，他又何必去與他人煮茶論劍欲爭武林盟主？他驚覺應該珍惜自己現在擁有的，並且腳踏實地地守住每一天。現在他的工廠只生產一般的螺絲，由他的弟弟接管廠務，他改任技術顧問，閒暇之餘他和太太一起去拜拜、登山，身體健康了，家庭和樂了、生活安逸了，這時的他終於明白他才是這世界擁有最多的人。

以前曾有個師父問我，想當一個富裕的人或是想當一個富足的人？當時我把這兩個形容詞做了不同的理解，對我而言，富裕是在擁有許多之後，還希望更多；富足則是在擁有之後既滿足又知足。當時年少的我選擇了前者，如果有機會再碰到那位師父，我會跟他說，我既不要富裕也不要富足，我要的是知足，一個人只有在知足之後，才會知道自己既富裕又富足。

很多時候窮也出自於懶，老人家常說懶病沒藥醫，卻絕不會有人承認自己是怠惰懶散。但是如果有人成天自怨自艾、怨天尤人、恨生不逢時悲懷才不遇，那麼就要注意這是懶病發作前的徵兆，要知道這世界除了天塌下來、地陷下去不是你的過錯外，其他與你息息相關的事物，成敗關鍵都關乎你的勤奮或怠惰。

出版《這樣拜才有效》時獲得很多讀者的迴響，有位年輕的讀者來信說，他覺得自己很倒楣，在學時常受到同學的排擠，出外工作也時有時無，老闆對他既排斥又挑剔，他現在賦閒家中每天都在想是他命不好還是名字不好，或者是神明不幫他？並要我提供最速成的求神法讓他可以致富暴發。這位讀者很年輕，所以我將他視爲童言童語，若眞有這種方法我就第一個先用，也不用每天敲鍵盤寫稿，差點關節炎。

本書命名爲《這樣拜才有錢》，**指的是當你身體力行努力一番，仍然事事相違無法如願之後，才提醒你可以透過拜拜的方式，累積能量招來貴人與好的機運，絕不是誤導大衆以爲透過拜拜就可以無中生有幻化萬千。**依我多年來拜拜的感應，神明給的絕對是機會，而這機會必須靠你的行動力去爭取，妄想守株待兔肯定是要坐吃山空的。

大家不妨想想全省最有錢的北港媽祖婆，祂並不是一開始就香火鼎盛信眾盈門，祂也是一點一滴的累積神威，最後才蓋了大廟成爲寶島第一富婆。神況且都要一分耕耘才有一分收穫，更何況我們凡夫俗子，怎能不身體力行而妄想一夕致富？

人爲什麼會窮？除了你所能想出的各種理由之外，參看本書的這一個單元或許可以爲您提供另一條思考之道。筆者當年便是憑著這個理念「扶過斷橋水，伴歸無月村」一路硬挺過來的，我的病因可能也是您的病因，即使不是也相去不遠，讀者們不妨認眞參考。

如果把窮或是沒錢當作一個已發生的事實，這個事實姑且稱爲「果」，有果必有因，「因」就是你已知的決定或想法。例如有人說，早知道股票會跌我就不買了、早知道賭博會輸，我就不賭了，但這兩件事的「果」是他股票賠了、他賭博輸了，而前因是什麼？性格決定命運此話一點都不假，如果不是那黏在骨子裡連當事人也不知道的爛賭基因，又怎會造成孤注一擲、不計後果往前衝的想法和性格？這種連當事人都沒察覺，卻令旁觀者匪夷所思的想法和作法，才是這裡要說的「因」。

因果關係中，因的影響性大於果，「因」包含各種的可能，而「果」只有一種已見的事實，因此有人把「因」解釋爲業力、業障或是台灣話說的「請鬼開藥方」。而在我的觀念中，我把「因」當作一種能量來看待，一個人的能量虛弱時就好像正處於生病的狀態，人在病中神智不清就容易做出錯誤的判斷，很多豪門鬥爭戲不就是這麼演的？敗家子或是驚世媳婦最喜歡趁著有錢的老爸、公公在加護病房彌留之際，偷偷溜進去強迫病得無力反抗的老人立遺囑捺手印，仔細想想那個畫面，時運不濟的你此時就是躺在床上的老人，在無力抵抗下任隨如業力般的兒子媳婦爲所欲爲，這就是活生生的業力人間具象版。

我曾經見過纏綿病榻多年的老婦人狀告兒女棄養，其情堪憐，社會輿論多傾向同情淒涼老人，對不孝子女大加撻伐，但子女也悲切地控訴他們的母親早年棄家不顧沉迷賭桌，最後拋夫棄子失蹤多年，直到一身是病再回頭要求子女奉養。「母親」一詞在兒女的童年記憶中早已不復存在，放浪成性的媽媽突然一身病態乍然出現，叫他們情何以堪？

就倫理來說，子女們可以做接受與不接受的選擇，但就因果關係來說，媽媽愛賭所造成的「因」加諸於子女身上，就成爲失去媽媽的「果」，媽媽多年後復返想導果爲因，但卻採取強硬的法律途徑，自然要爲當年所造的「因」付出骨肉相殘的代價。

因果關係如果套用於錢財、事業的追求，也是相同的道理。欲追求財富卻不遂願的事實，可以將它視之爲「果」，這時，我們應該問的是「因」是什麼？如何能導致「果」的產生？

不良的因果關係被宗教視爲是「業力關係」，把業力假設爲「因」，那麼就很容易看出產生問題的原因了。

一般的「業力」範圍概括可分爲：「個人業力」與「家族業力」，在以下各單元中，筆者將對此提出詳細說明，在未續看下去之前，諸位不妨細想一下目前自己所面臨的瓶頸，是否符合前面所說的因果關係？並且重新評估一下自己的客觀因素，就不難發現自己會「窮」的原因了。

人們透過拜神的形式希望求得一個欲望上的滿足，不管欲望爲何，一旦拿起香請祈福佑，那麼必然證明這個欲望是個人的能力所無法達成，因此才會透過最後的方式，藉香煙繚繞直達天聽，望老天垂憐普降甘霖。

大部分的人在人生路途一路平坦順風順水時，總會認爲靠一己之力必定能人定勝天。然而這種初生之犢不畏虎的想法，卻在人生即將邁入中年時，面對頻頻出錯的安排，回首來時路才驚覺人生並非如此順暢無阻。大部分的時候命運總是掌握在他人的手裡，只有小部分的片刻才有自我盡情發揮的空間，這讓許多人產生無力感，而宗教的祈福、祈求活動也就因此成爲許多人設定的最後救星。

只要是人總會遇上束手無策的難關，不論你是富人或窮人。幾年前台灣某大證券公司的總裁在失蹤數天後，最後被發現離奇淹死於外島，死因竟然是自殺。對很多人來說這是件想不透的懸案，這位總裁身家百億，而且當時公司沒有任何財務危機，這種人人稱羨的富豪爲何最後會選擇「自殺」結束自己的人生，豈不令人匪夷所思？

另外一個案例也是發生在富豪身上，同樣也是在數年前，台灣某電子代工業的龍頭老大，其胞弟赴中國大陸洽公，不料在中國境內因異病陷入生命危機，這位龍頭大哥手足情深，安排專機將胞弟接回台灣醫療並延聘頂尖名師、使用高級藥物治療，最後仍然回天乏術，生離死別逕赴黃泉。

人面對無可解決的事情稱之爲「無力感」，一個富可敵國的企業家無法用他全部的錢財換回兄弟的生命，其實等同於一個窮人家的母親無法拿出十元幫他的孩子買一塊麵包止飢，金錢的數量固然不同，但卻同樣讓他們產生相同的無力感。

本單元的標題〈窮不是問題，受挫才是關鍵〉，所要傳達的就是這個道理。窮的本義是「缺乏」，因此不僅止於缺乏金錢，它也涵蓋著缺乏機會、人和、企圖、健康、情感等等無法獲得所產生的「窮」。「窮」是結果，而原因是什麼？是個人的能力與智慧無法觸及，所以原因也可以稱爲無力感或受挫感，這種感覺會使人疲於奔命而終無所獲，最後希冀透過膜拜，產生心想事情的奇蹟。

但這裡要說的是，拜拜並不是等待奇蹟，而是透過誠心、耐心、懺悔心，一步一腳印的依法而行，身體力行等待「神蹟」的出現。而在「等待」的過程中，並非要你一事不做的守株待兔，而是仍然該去做應該做的努力，在不放棄努力的過程中，你會逐漸體會出神蹟的神奇。

神蹟如果是一種力量，它絕不是魔術師手上的手帕，在眨眼間就變出一隻希望之鴿。魔術是一種巧妙且細緻的安排，並非無中生有，拜拜求財也是這個道理，「財」是原來就存在的，只是因爲某些原因（姑且稱爲業力）被藏在魔術師的衣袖裡，依法拜拜就像技法一樣，它排除了業力的障礙，使得原來就屬於你的錢財，重新回到你的身邊，神明所扮演的角色就是魔術師、調解者、慈悲的父母，對祈求者排解業力、添賜財物。

或許有人會問，生命的軌跡如果是不可改變的宿命，那麼，如果不拜神求財，屬於自己的錢財最終是不是也會原璧歸趙？

拜拜是一種自由心證的行爲，提出這樣的質疑是很正確的，想要憑藉自己的力量撥雲見日，本來就是一種勇敢的行爲，但是透過神明取財卻有錦上添花的功效。也就是說，**如果原本命定的錢財是一個固定數，透過與神明締結關係，神明可以因爲這層關係，將他的功德撥給你，增加你的財富或機會**。在我的宗教信仰中，我習慣將它比喻爲「化無形財爲有形財」，值得一提的是，**神明的功德就好像人們的錢財一樣，也是他幫人辦事調解糾紛辛辛苦苦「賺」來的**，拿香的眾生都可以向祂要「錢」，可憐的神明也只能分化千百億化身，日以繼夜的「賺」功德，以滿足眾生的需求。

有句話說：「天生萬物以養人，人無一德以報天。」大家都在求卻從不想如何回饋，致使大家誤以爲只要求就必能得。其實，這觀念是有點矛盾的，「迴向」一詞來自佛家，意思是說你做了某件事所產生的功勞，你願將這功勞祝福某一個你想祝福的人。同樣地，也可以運用在對神明祈求財富機運的行爲上，神明將祂的功德迴向給你，化爲可供你運用的人間資財，站在知恩圖報的立場，身爲受惠者的我們是不是也該做一些事，將功德迴向給賜福給我們的神明？這是爲人應對進退應有的禮數，而站在陰陽論的觀點，彼此的互動才會使得陰陽兩相平衡，受惠者也才能問心無愧的接受施捨。

那麼，該怎麼將功德迴向給賜福給我們的神明？以我自己而言，通常我會這麼說：**若蒙惠賜以令心想事成，必當行功造德以彰神威**。

行功造德的範圍很廣，全看個人如何設定，有些人捐款濟助他人，有人贊助廟宇建設經費，或是身體力行以勞役報答神恩，這都是行功造德的方式。不用擔心行功造德是否需要龐大的錢財支出，在《這樣拜才有效》一書中，曾寫到一位老婆婆被倒會數百萬的案例，老婆婆向神祈求有生之年可以悉數償還，在此同時她也發願每日到廟中當志工答謝神恩，果然天從人願，兩年內一個七十多歲的老婦人悉數還完她所有的債務。

當一個人因窮而產生無力感，渴求上蒼賜予良機時，在整個祈求的過程中，它必須包含幾個步驟，才會眞正達到有求必應的目的：

1、祈求的動機要單純善良，不是出自貪念妄想。
2、拜拜要如儀，不是只動口不動手。
3、要發願迴向，陰陽和諧，利己利人。

如果可以謹記這三個步驟，諸天神佛莫不聞聲救苦，應聲而來。

認同輪迴觀念的人應該先理解因果的作用力，如果說輪迴是某個能量場的現象，那麼因果關係就是這個輪迴的作用力，反之，沒有因果關係就沒有輪迴的必要。

在西方的療癒系列中，也把因果關係列爲必須療癒的主要項目，但大多數都把因果關係運用在個人的情緒治療上。例如透過深層催眠的治療，催眠師從中獲知催眠者多年來的失眠現象，是源自於某一世身爲燈塔守員，每天晚上必須盡忠職守指引海上船隻。而某一次卻因他的失職造成了船難，這個罪惡感困擾著當事人的每一世，讓他總是無法在夜晚時安然成寐，於是，催眠師便可在當事人的催眠狀態中告訴他，事情已經過去了，他也獲得原諒，從此可以遠離失眠夢魘。

對催眠師而言，這種療癒是以下達「暗示指令」而達到情緒舒緩的方式，但是在東方宗教的體系中，卻認爲失眠者不僅應該得到諒解，同時，因他失誤而造成傷亡的靈魂也該得到安息，於是，在因果輪迴中就產生了業力因素。

「業力」有分好的與不好的，好的業力就是所謂的貴人扶持，不好的業力就是所謂的小人纏身。貴人也好、小人也好，在陰陽不同的空間中都會同時存在，對在世爲人的你造成幫助或阻礙的影響力。

這裡說的**「個人業力」就是指被延誤、阻礙、導引我們走向挫折、失意、氣餒、失敗的能量！**這種業力必須先將它消化掉才不會繼續被干擾，也稱之爲「圓滿」。在化解業力的過程中要如何做到「圓滿」？簡單來說，就是讓懺悔者有機會彌補前非，讓受創者願意接受道歉，化干戈爲玉帛，彼此之間化敵爲友以求兩造身心安頓。如此一來，被害者怨靈得以超昇不再恨意不休，而施害者也可以掃除障礙重新人生，而這一切的協調均需經過神明出手斡旋，個人的因果業力才會獲得舒緩的機會。

用向地下錢莊借錢來比喻因果關係好了！開門做生意的小美爲了解決

三百萬元的債務，於是向地下錢莊（冤親債主）借錢，事過境遷加上連本帶利，小美已債臺高築至三千萬（業力）。小美還不出來，地下錢莊卻逼債連連，每天上小美店裡騷擾，如此一來，小美不但無法做生意賺錢，甚至連債也無法還，生活陷入困境，更被地下錢莊壓得喘不過氣來。

小美沒辦法只好去請求有力人士幫忙（神明），神明收到了小美的請託（拜拜），於是代表小美去和地下錢莊（冤親債主）調解，有力人士（神明）於是對錢莊說：

「人家也被你折磨得半死不活了，冤冤相報何時了？你不如開個條件（紙錢），由我作主滿足你的需求，小美雖然欠你三千萬，但是有一半以上都是利息，如果你可以接受我的調解，我可以用我的香火功德幫小美彌補她對你的虧欠，未來我得道超昇、成仙成佛，一定會幫你得渡痛苦之淵，如果你等不及，我也可以用我的名義，推薦你去佛菩薩的淨土修行。怨懟終究是苦海無涯，有一得必有一失，生生世世這樣窮追不捨，大家都很辛苦，也對靈體的超昇毫無幫助，不知道我這樣的建議你覺得如何？

是否可以看我的面子放他一馬？」

這只是一個業力干擾的例子，主要是用於說明個人的業力如何擋住個人的財運，同時說明神明居間協調的功能性與作用性。事實上，每個人的因果業力不盡相同，所遭受到的挫折也不會一樣，大抵都是事業失敗、財物受損、罹患惡疾、久病不癒等等，但是對於處理的方式幾乎都是相同的。

欲求財運的順遂，勢必要先掃除業力障礙，陰霾掃盡之後，一般所謂的「接財神」、「求賜財」也才能紮實留在身邊而不被業力所奪。

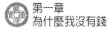

「家族業力」為何會阻礙求財之路？

以前從來沒想過「因果業力」這種無形的殺手還有區分，但在這個領域裡摸索多年之後，漸漸地發現因果業力除了個人之外，還有另外一種「家族業力」。

所謂「不是一家人不進一家門」，既然進了同一個家門福禍與共甘苦同擔，自然是無法避免的事。在輪迴的觀念裡，會成爲這個家族的一份子，必然是在某一世中彼此有著密不可分的關係，使得在這一世中必須成爲同一家族的人，共同面對未知而又必須解決的因果關係。

家族業力牽繫著家族成員中彼此的關係，不管是和諧共處或是同室操戈，所謂家家有本難念的經，這本經也是可以用「因果業力」的角度來看。酗酒不事振作的父親、放浪嗜賭的母親、不斷消耗家產的浪子、爭產奪勢的妯娌……不管出身富豪或是降生貧民，進入到與自己緣深的家族，就無法避免地必須與家族的榮辱共存亡。

家族中每一個人的所作所爲如果是一種「結果」的顯示，那麼也就是說，必有一個遠「因」導致這樣的現象。有句古話說：「積善之家必有餘慶」，這句話並非只是形容詞，在見識到家族業力的嚴重影響性之後，眞的不得不承認祖先的業力影響有多麼巨大。

「積善之家必有餘慶」，意思是說有積德做善事的祖先，他的功德就會回饋給他的子孫。祖先積德的原因除了要福蔭子孫之外，當他在世爲人時也是屬於子孫身份，面對先人，他也會以行善佈施報答他的祖先生養之恩，並且希望門風香火的傳遞不要斷送在自己手上，因此，上無愧列祖列宗，下澤後世子孫，具有承先啓後的作用。我們現在分別代表著個人家族的子孫身份，有一天壽終正寢時，也會被請上神桌成爲祖先，如果不趁在世爲人時多做一些好事、多積一些功德，屬於你這一支脈的子孫不僅無法獲得你的功德，反之，還會因你的錯誤而身負過失之責。

如果祖先在生時多做善事可以福蔭子孫，反過來說，祖先如果作惡想當然爾也是禍延子孫，不仁不義的祖先必造成家族的危機，並禍及子孫的健康、事業、家庭、錢財，簡單來說，就是讓家族面對瀕臨倒閉的危機。

有一年回台灣偶遇老友，相談中問及他哥哥的病情，一年前他的哥哥出外喝酒，返家時騎機車不愼摔倒，此後變成植物人癱瘓在床。那年他哥哥不過三十九歲，以一個正值壯年的年輕人來說，把自己摔成植物人實在是一件很不可思議的事情。朋友家裡原本就不甚寬裕，爲了治療手足的病，家中更見窘迫，家中經濟全靠朋友做直銷維持，龐大的負擔不僅把他壓得喘不過氣來，同時還要操心不唸書每天只想跳八家將的姪子、調解在酒店上班的姊妹感情生活。相談時他不禁嘆了一口長氣，窗外有藍天，而透過他的眼簾所見，卻是永無休止的陰霾。

群醫束手無策，朋友也只能望天興嘆，彷彿等待死神垂臨那天，大家才能鬆一口氣。於是，我試著建議朋友，與其坐以待斃何不死馬當活馬醫，試試宗教的力量？後來朋友按址前去請託一位通靈師姐幫忙，那位師姐當時說，他的家族祖先曾經殺人放火打家劫舍，犯下諸多傷天害理的事，因此注定他的家族要受此業報，而他的哥哥就是前世打家劫舍的祖先重返投胎。

至目前爲止，通靈被認爲是一種毫無科學根據的陳述，當事人無法如催眠般經歷通靈人所說的「事實」過程，因此也變成一種自由心證的說法，當事人完全必須根據已知事實來比對，再決定相信與否。通靈師姐說他的哥哥此生是來散盡家財接受報應，而他自己的理解則是身爲長子的哥哥早年交友不愼，家中數棟房子全在父親過世之後，被哥哥做生意、喝酒、賭博悉數賣盡，彷彿如通靈師姐所說此生是來散盡家財，而現在動彈不得、生死不能，不就是受業力所纏冤冤相報的結果？而同爲家族一員的他必須扛下此一責任，不也是家族業力的總體呈現？

後來他問通靈師姐該怎麼解決這件事，通靈師姐建議他到地藏王那邊求赦家族業力因果，透過地藏王的斡旋，以圓滿解決家族與冤親債主間的宿怨。

妙的是，就在問這件因果業力的同時，醫院那邊也傳來了哥哥喘息不止的消息，似乎他的哥哥因爲某件事而引起情緒極大的騷動。後來醫生施藥讓哥哥情緒平穩，這時才發現哥哥左手拇指的指甲已陷入食指的指甲邊緣縫隙內，因他的哥哥手指僵硬加上照護者疏忽，時日既久早已黏合而無法掰動。醫生建議動手術將拇指指甲整片剝除，才能將拇指與食指分開，不過通靈師姐此時卻勸說先不要動手術，可以先幫他哥哥做個人因果求赦，之後再做手術治療。朋友依言，做完哥哥的因果求赦之後，兩手指竟然離奇分開，不需要開刀剝指甲，連醫生看了都嘖嘖稱奇。

但在做求赦因果之前，我的這位朋友卻做了一個奇怪的夢，他夢見哥哥在他面前，但卻被綑綁在椅子上動彈不得，滿面愁容不發一語，旁邊站了一位滿臉兇狠的人，此人面色嚴峻地對朋友說：「他如果不死，怎麼換我投胎？」朋友從夢中驚醒，直覺那位兇狠的夢中人應是他的另一位祖先。

後來他才漸漸明白，家族中作惡的祖先，必須輪流回到人間來受業報，唯有受完業報，靈魂才能安然地再次回到輪迴的序列中。而令他茫然的是，在家族業力中，他究竟扮演什麼樣的角色？是與祖先共同淪落？或是成爲家族的救世主？

不管怎麼說，經過幾次離奇的情況之後，朋友決定不管如何艱辛也要寧可信其有地繼續辦理家族業力求赦，此事至今又過一年有餘，每次在網上遇見朋友時，總是可以感覺他言談間越來越充滿希望，從他的哥哥可以開始眨眼睛、點頭、動手指到現在，他親眼看見了哥哥在「神蹟」中逐漸康復。

或許有人會發出質疑，例如一位客戶就曾說，他的祖父以前是一位中醫師，一生都在行醫濟世施藥助貧，但照「積善之家必有餘慶」的道理，他家現在應該是家門興盛才對，爲什麼反而家道中落一蹶不振？

如果按照哲理性的因果數計算，在易理中寫明天數三十六，地數七十二，合計爲一百零八數，這就是所謂的天地循環數。而在現實生活中，一個人若是在三十六歲時開始接受業力報償，以此反推你的父親與你相差三十六歲，你的父親又與你的祖父相差三十六歲，你的祖父又與你的曾祖父相差三十六歲，因此按業力年齡計算，從你到曾祖父間會出現三個三十六歲，合計是一百零八年，因此初階的家族業力計算，最直接的影響性來自第一個一百零八年，也就是說現在的你運勢好壞來是曾祖父那一輩的功果過失，此後再逐漸以每單位三十六歲遞增。

這只是一個哲理性的推測，但是在已知的事實中，大部分的人提到家族業力所發生的事情時，基本上都已經難以考據，這同時也代表著我們對於過世的祖先是如何的陌生，但我們與他們之間的業力和功過關係，卻是直接而緊密的聯繫，祖先積德造福子孫，祖先累惡禍延子孫，仔細思考一點不假。

不管是「個人業力」或是「家族業力」，基本上當我們面對難關束手無策時，不妨可以從這方面思考解決之道，但業力問題不具科學印證性，也很難讓每個人深入明白，因此基督徒以原罪稱之，而佛家是以寬容的慈悲心要我們接受與認同，並且要大家以懺悔心，在人間開始重新的輪迴。而道家中的靈山宗則是以滿足人們對因果業力內容的好奇，直指「案發」當時的經過，只是前塵往事證據不足，唯有靠當事人的自由心證判斷眞僞。

當透過拜拜儀式處理我個人的因果業力初期，我的確也很好奇業力發生的始末，而我也從中獲得很大的改善。但現今我對於業力是怎麼發生的好奇心已大大減低，我明白生生不息的因果業力很難在此生此世處理殆盡，因此，我現在都會試著以佛家的懺悔精神，逐年的求赦我個人與家族的業力，以求在此生無業力追索而能事業、財運通遂，家人平安，行有餘力，樂領天命，行功造德，以彰神威。

「個人業力」和「家族業力」有什麼不一樣？

「個人業力」是指影響自己運勢高低、財運是否順遂的無形因素，這「無形因素」就包含宗教常說的「冤親債主」，泛指外在的一切阻力、阻礙、小人、挫折等等。「業力」的產生，通常是過去世中犯過錯、傷害他人等等，此生這些「冤親債主」前來索討公道，讓此生遭遇財運不濟、事業不順、遇人不淑等等困擾。

而「家族業力」則是指自己與家族間共榮共衰的業力關係。若是祖先經常行善佈施，累積的功德必能使身爲後代子孫的你蒙受其惠；相反地，如果祖先作惡多端，那麼後代子孫也將承受惡果，像是受家人所累而損失財富、或是不斷爲家族成員闖下的錯誤收拾善後。這也就是「積善之家必有餘慶，作惡之家必有餘殃」的道理所在了。

求財之前先還債！解決「業力問題」清除求財障礙

解決業力問題可以連帶的強化各種生命中不足的欲望，以本書的主題「越拜越有錢」來說，經濟狀況也是可以被圓滿處理的問題之一。換言之，如果想讓今生的財源順遂，除了具備應有的各項條件之外，例如專業素養、企圖心、執行力等等，也必須懂得將負面的能量去除，以達到調理陰陽、互蒙其利的功效。

但是時下很多人並不明白這個道理，僅憑著「神是萬能，一定會幫我處理」的信念，就把一切的問題丟給神明，甚至要神明「勇敢」地負起全責。曾經有人說，他用百分之百虔誠的心燒紙錢給神明，為何神明都不保佑他中彩券？如果說一份一百元的紙錢可以換得一億元的彩券，我想神明應該也會跳下神桌來當人吧！

幾乎所有的神對於祈求者都很想給予「有求必應」的照料，只是**司職之神**

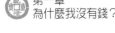

是不能破因果的，不能以祂一己之私而任意給予祈求者。祈求者必定存在著某些因果關係，使得神即將賜財時，被個人的因果所阻擋，因此，**要讓自己的財富之門通暢無阻，首要條件就是必須先化清與冤親債主之間的借貸關係。**

有一次遇見某位朋友，相談間，對我說起共同認識的一位女性朋友EVA，原本她在大陸從商做得有聲有色，但是這一年卻因身體不適而返台診療，經醫生證明是罹患紅斑性狼瘡，必須每天服用類固醇防止病情惡化。

我認識EVA超過二十年，只是因個人工作不同已有數年未曾聯絡，沒想到再次聽到她的消息，竟然是聽到她罹患惡疾的駭聞。朋友給了我EVA的MSN，當天我把她加入聯絡人之後便開始與她聯繫。EVA說，她原本在北京從事廣告工作，兩年前她選擇了上海近郊的四行倉庫（抗戰時八百壯士謝晉元將軍與日軍對峙的地方）作爲商品發表會的會場，那天她搭機抵達上海後直奔四行倉庫會場，才剛踏入便開始覺得頭暈目眩極不舒服，沒多久她開始無法站立，這才發現她下半身浮腫，原本擔任商品介紹人的她立刻被送往醫院急救，上海醫院查不出眞正原因，只能半推測性的認爲是免疫性功能失調。

之後她又被送回北京，北京的醫生也無法診斷出確實病因，幾經周折，她決定返台到榮總就診，最後被判定是突發性紅斑性狼瘡。這對仍小姑獨處的她來說，形同判處無期徒刑的重罪，更重要的是家裡的經濟必須依靠她扶持，突發的重挫讓她幾度心灰意冷，既要面對遙遙無期的病魔摧殘，又必須擔心家中雙親爲她擔憂，見面時以前那股豪邁不讓鬚眉的氣概，已被愁容滿面的表情所淹沒。

在醫生判定只能服用抑制藥物而無法根治的前提下，EVA透過許多朋友的介紹，試圖從靈學上找出解決的方法，而我聽完她的敘述，直覺認爲這是因果業力的糾纏，因此建議她去雲林縣的海清宮包公廟請包天子幫她處理，那天，當然我也陪了她走這一遭。

EVA在包公神像面前一五一十的說明病情的來龍去脈，最後甚至聲淚俱下的懇求包公作主，她要以她虔誠的懺悔心接受一切考驗，如果有任何因她的過失所造成的傷害，她也願意誠心解決，唯求包公賜她重來的機會，讓她可以奉養雙親恪盡人子之道。

回程的路上EVA不停回想剛才拜求的經過，心中充滿許多無法理解的疑問和感受，她向來很少接近鬼神，但她剛才手一拿起香時，全身一陣顫抖，好似周圍站著許多人對她怒目相向，而她則是一陣莫名的罪惡感襲來。當時她心想可能是發病太久了，以致情緒失控，但我卻不這麼認爲，我知道那是業力追索，而這一切的謎團在隔天就被解開了。

隔天EVA約我出來碰面，一見面她就說昨天回家睡覺時，她做了一個很長的夢，夢見自己變成一個富甲一方的員外，這員外雖然有錢卻很風流，但是又很怕他的老婆，就像電視劇裡的情節一樣，有一回，他把家裡的丫環搞大了肚子，他很擔心老婆知道後會大發雷霆，於是心生一計，打算把丫環充當他自己的女兒嫁往女兒的準婆家，然後再跟老婆女兒說準夫婿病重已來懇求退婚，如此一來就天衣無縫天下太平了。

於是，員外先騙老婆女兒出外旅遊，再急急派人去親家處要求提早完婚，迎娶當日風風光光的置辦優渥的嫁妝，把懷著自己骨肉的丫環充當女兒就這麼嫁到十萬八千里外的地方，他自己也沾沾自喜，覺得自己太有才啦！竟然能想到這瞞天過海的妙招。

員外夫人回來後，員外如實稟報親家退婚的事，但是女人畢竟是女人，總覺得老公目光不定言詞閃爍，再加上這夫人也很賢良淑德，認爲女兒被退婚傳出去總是不好聽，到底是多大的病非得退婚不可？於是私下派人前去查明眞相。

豈知探子回來稟報說，對方不久前已將女兒迎進家門，新婚燕爾全家正是一片喜氣洋洋。員外夫人一聽當場差點炸肺，女兒明明尚在家中，何來踏瓦當新婦？於是她決定親自前往一探究竟，到了「親家」家裡，終於見到了「女兒」，員外夫人氣急敗壞破口大罵，後來才知道這是老公的傑作，當場無語的員外夫人一方面罵丫環無恥、一方面將嫁妝悉數索回，最後才打道回府準備與員外展開第二輪輸贏。

可憐的丫環身份洩露，被婆家一陣惡言凌辱後也被掃地出門，丫環傷心欲絕無處可歸，當晚就投井自盡造成一屍二命的慘劇，而始作俑者則是那位風流荒唐的員外，幾經輪迴，員外便成了今世的EVA。

聽完EVA「精彩」的故事之後，她問我該不該信這個夢與她目前的健康狀態有所關連？依照我的經驗法則，我認爲是可以試著接受的，過去也有朋友到了包公那邊之後，也做了相同的業力之夢，並從中找到解決之道。每個人的因果業力不同，但解決之道只有一種，那就是透過神明從中協調，以求兩相圓滿。

如果EVA的突發性紅斑狼瘡是來自於因果業力，那麼關鍵應該就是一屍兩命的丫環，於是，我們再度南下請求包公開恩赦罪，並請示該如何消弭兩造間的憤懟。過沒幾天，EVA夢見一個女人抱著一個小孩，在她面前出現後又轉身離她而去，而EVA的身體至今已在逐漸地康復中，醫生已經開始讓她少服或不服抑制藥，滿心感恩的她已可重新回到她的職場發揮實力。

另一個家族業力的案例則發生在一位親戚的身上，這位親戚是我的表哥，他是個遺腹子，出生前父親因公葬身火海，母親懷著他改嫁他人。唸書的時候，表哥的成績很優秀，他自己的好勝心也很強，因此親戚們都認爲他將來的前途必定是一片輝煌。事實上也是如此，前半生他風光經商無往不利，但後半生卻因投資失利虧損連連，最後負債數千萬有志難伸。不信宗教的他初時堅信人定勝天，因此一再借貸想求翻身，債務問題自然就如雪球般越滾越大，而時光如梭，如今表哥已是一位年邁五十的中年人了。

過年時，我到表哥家拜年談及此事，他知道我從事命理工作，於是想改名換運氣，我建議他改名暫緩，應該先找出遭致事業不順、財物虧損的非人爲原因，因此勸他不妨試試看陰陽空間的對等力量，先把宗教的桎梏拋除，陰陽的能量其實無關宗教，只是宗教運用陰陽的力量在助人而已。

表哥失意十多年，心想不如試一下看看，再者人過中年回首來時路，心境總有諸多體會，因此便答應去懇求地藏王解開因果之謎。後來，表哥也同樣地做了一個夢，夢見他的生父身陷火海，一直對他喊痛，表哥驚醒過來後滿面涕淚直罵自己不孝，落拓江湖十多年始終沒有想過自己的父親，死時備受烈火燒身痛苦至今。爲了印證他的夢境是否屬實，他特地再去找地藏王菩薩連擲六筊，每一筊都是肯定的聖筊。當下他立刻請求地藏王爲他父親超脱拔薦，他說他無法確定他的夢境是不是眞實，但是站在身爲兒子的立場，父親葬身火海是事實，他怎能只因想讓自己解決債務由衰轉順，而去求地藏王爲他父親解脫？他虔誠地說，即使他注定後半輩子都得窮苦潦倒，他也想對死於非命的父親盡一份孝心。

就憑著這個信念，在旁聆聽的我心中確認他即將會有東山再起的機會，古人說「百善孝爲先」一點也不假，當他的心念由想改變厄運，轉爲對父親的盡孝之心時，天地神佛有靈都會應召而來扶他一把。

很多人認爲拜拜有效，很多人認爲拜拜無效，其實都是心念的問題，心念種的是善因自然效果立見，心念種的是惡因，應承的力量也會大大削減，直到你某天徹悟，應許之願才會豁然成眞。

很久以前，我從三山國王處獲得一首靈籤：**豐年多取不爲寶，歲飢求盈實可憐，卿且素存王公法，刑公有愧放田錢**。這首籤詩至今依舊是我的座右銘，時刻藏於心中不敢有忘。

籤詩的意思是：不知節制的擁有很多並不是最珍貴的，欲望只會讓人變得貪得無厭，然而缺乏很多時你又不知反省己過，而一味盲目痴求，多與少都是因果業力的安排，正如同人間的法律般一絲不苟剛正不阿，現在因爲你來求我，對執法的我來說，我已經對你網開一面了，如果要求再多超越因果的界限，連我都要跟你一樣一起犯法了。

這首詩說的是人必須懂得知足惜福，也必須懂得時時謙卑而自省，如果兩者都能做到，順應天命怎會不能有求必應？

人貴自知，反省與懺悔是開運良方，願意彌補己過力求圓滿，更是讓自己否極泰來的不二法門。

每件事、每句話都會有個關鍵字，這首籤詩的關鍵字就是「姫且素存王公法」，所謂的王公法，指的就是「業力」、「天律」、「因果」等等。也就是說，當一個人正身處於運勢跌落谷底的同時，其實就等同於正在遭受「業力」、「天律」、「因果」的對待。請注意，我說的是「對待」而不是「懲罰」，宇宙大道眞正的主宰是維繫陰陽平衡的自然定律，它是一股能量，人們的力量不足以與之抗衡，因此，你怎麼做就會得到怎麼樣的力量去推動因果的循環，唯有神聖的波能才能改變它運行的軌跡，而驅動神聖波能的力量，卻是來自你的懺悔心、誠心與恆心。

在本章最後以這首籤詩與大家共勉，實是希望大家正視「個人業力」與「家族業力」的影響性，透過拜拜的方式弭除業力，不僅可以使個人和家族不再受業力所纏，更是拓展個人機運、重新開展人生的第一步。

本章要強調的，是爲什麼很多人向神求財、求運，但大多效果不彰的原因，同時也讓大家明白在陰陽兩面中，只要有任何一方產生不協調的狀況，就會影響另一方的平衡感。也就是說，在現實面（陽）無法獲得滿足時，必然會在抽象面（陰）發生某些狀況，而使得願望難遂。

這就像是有一天電視突然壞了、螢幕無法顯現畫面了，但壞掉的原因並不是螢幕壞掉，而是內部零件毀損，導致螢幕無法出現畫面。同樣地，在求財之路上，賺不到錢的原因也有很多，就像電視內部零件必須逐一檢驗一樣，總是要內外軟硬體都無誤，電視才會恢復正常，人也才可以恢復正常的運作機制。

而下一章要說明的，是如何找出運勢否變的原因，並且透過向神祇拜拜的方式，先求得寬宥開赦後，再逐一地向求財的途徑邁進。因此，下一章的重點就是「三赦」，什麼是「三赦」？該怎麼赦？找誰赦？赦過之後又如何？對我們未來的運勢會有什麼幫助或變化？

在求財的過程中，「三赦」是很關鍵的階段，甚至可以說未來能否透過庇佑求得財運，又能求得多少財運？完全是看你對「三赦」的理解有多透徹。無所不在、無所不能的老天爺，其實是很好「哄」的，只要你願意對祂眞誠懺悔，在合理、合法的範圍內，祂總是無不讓人稱心如意。懺悔需要誠意也需要行動，而接下來要說的「三赦」就是具體的懺悔行動，它對你財運的幫助具有極大的推波助瀾之效。

第二章

求財之前先求「三赦」：天赦、地赦、天地渡化

- 天赦：拜天公——消業力，求生路
- 地赦：拜地藏王——清除求財障礙，化解災厄
- 天地渡化：拜觀音菩薩——補充正面求財能量
- 除外陰——去除負面能量，讓貴人近身

做事總是強調細節的日本人，近年來發展出一種「趕窮神」的宗教行業，日本人認爲阻擋他們發財的亂源，就是來自於窮神的干擾，因此塑造了窮神像，供人們前來嘲諷怒罵窮神，把窮神罵走趕走，才能順利迎來財神。

這種荒誕而讓人啼笑皆非的「罵窮神」，不禁讓我想起台灣的一句俗諺：「**自己的雞仔不顧，專打別人的老鷹**。」意思是說，做錯了事情卻不思己過，反而埋怨別人讓你遭致失敗，甚至要別人代你扛起應負的責任。日本時下的「罵窮神」就是這個道理，不檢討自己哪些地方做不好，反而去責怪無辜的窮神，如果罵窮神眞的可以致富，那麼大家使勁全力罵就好了，何必還要苦學專業、苦苦求神？

第一章中曾提到，在萬事條件具備的情況下，如果還無法一展長才，甚至有志難伸，那麼不妨思考一下是不是陰陽失衡的原因？陰陽論可以套入各種不同的環境時空背景，從中找到相應的具體結果。

以陰陽論來說，專心學習、努力向上、奮鬥不懈，這些都是「陽能量」的具體展現，是出自你內心的自我鞭策，接著才可能得到他人的認同，或是得到你想要的結果；而「陰能量」則是指環境或人事物的干擾或幫助，這種力量是無法透過個人的努力來改變或創造的。打個比方來說，一個會唱會跳的明星，可以在舞台上熱歌勁舞贏得掌聲，但是他卻無法創造舞台，舞台是工人蓋的，沒有舞台，閃亮的巨星就沒有發揮的空間。

萬事萬物都是相互配合而來的，這是陰陽論主張和諧的原因。所謂「孤陰不長、孤陽不生」，明星不能沒有造舞台的工人，工人也不能沒有會唱會跳的巨星，而結合彼此力量的就是「交易」，在互惠的原則下，大家各取所需才有機會共同完成一件事，這就是陰陽和諧。

就靈學體系而言，陰能量泛指「個人業力」、「家族業力」等的干擾，要去除這種干擾也需要「交易」，也就是用自己的懺悔心、誠心、恆心，將有虧於人的「債務」徹底清除，債權人得到合理的賠償後才能心滿意足地離去，不再對你進行干擾與迫害，這時才能繼續運用求財等等方法隨心滿願。

「業力」這種東西是來自佛教的說法，我認為它被解釋的非常妥切，只是人們大多把「業力」一詞視為與宗教相連的名詞，甚至認為只要不信宗教，就不會有「業力」存在的問題。但是，如果你把業力暫時劃出宗教之外，不妨將它視爲一個每一次輪迴的記憶檔案，而這檔案無法像電腦一樣說刪除就刪除，你有你的業力記憶檔案，別人有別人的記憶檔案，如果在不自知的情況下，你的記憶檔案有別人，別人的記憶檔案有你，那麼你們就有機會發展「因果關係」。

至於爲何不能提前知道是什麼因果關係？這就像看戲時如果一開始就演結局，你說這戲還讓人看得下去嗎？因果關係會讓人恐懼或小心翼翼的地方，就在於它的不確知性。不確定的原因是爲了合乎自然法則，讓每一件因果關係可以自然發展和自然圓滿，這當中不能有任何的其他因素介入，才能符合宇宙間的「公平原則」。

有兩對年輕夫婦，不約而同地搬到同一個社區比鄰而居。兩家的先生一見如故，好像多年不見的老友般，他們一起登山、一起看畫展，常常把酒言歡秉燭夜談，至東方露白才各自睡去。兩方的太太實在很納悶彼此的先生怎會好到如此「如膠似漆」？於是便相約一起去找一位通靈先生問個究竟，一問之下，才知道這兩位丈夫前世是一對夫妻，而她們這兩位夫人是住在隔壁的鄰居，每日看到他們夫妻倆鶼鰈情深，心生羨慕，便暗下許願來世也要成爲他們的配偶。

在能量的世界裡，基本上只有能量而沒有性別，而這個故事的重點更不在於性別，重要的是人與人之間的「緣份」。**今世的仇人或小人，可能是你前世的手足同胞；今生的愛人、情人甚或路上擦肩而過的人，也有可能是你前世的子女、父母；而那些在某世與你相遇產生恩怨情仇，卻未在此生投胎輪迴的人，我們就稱爲冤親債主，他們流蕩於塵世，爲報恩或爲報仇，一切皆因尋你而來。**

因此佛家說：「無緣大慈、同體大悲」就是這個意思。即使只是今生短暫的眼神交會，也可能是曾經的一段宿世因緣，所以佛家主張慈悲喜捨，藉由這種大愛的精神，消弭人與人之間的恩怨情仇。當然，「無情而來無情而往，是謂如來」，但這畢竟只是一個目標，而當前人們最需要的，就是救贖自己的冤業，讓此生功名利祿扶搖直上，然後再己利達人、推己及人，幫助他人脫離困境拔薦超昇，這是我們化消因果業力消極與積極的共同目的。

天赦：拜天公——消業力，求生路

天公是指玉皇大帝，據說天公是統理三界的主神，全省各地幾乎都有天公廟。而「三界」一詞出自佛經，指欲界、色界、無色界；而道教所指的三界是指鬼、人、神三個領域，常有人自喻：「跳脫三界外，不在五行中」，也就是說，只要身在人鬼神三個境界中，就會受到陰陽五行的干擾而不能自己，業力就是其中之一，隨五行流轉綿迭不窮。

在靈山系的說法裡，三界中總共有五位天公輪值，例如這一段時間就是由關聖帝君升遷上來的「昊天金闕玄靈高上帝」當值，但也有人認爲主掌三界的唯一領袖是天公，其他四位稱爲玉皇大帝。

台灣是多神教地區，對於神的淵源說法眾說紛紜，但不管是天公或是玉皇大帝，對於要赦因果的人來說，道理都是一樣的，萬法唯心，眞的想自我改變，不管天公或玉皇大帝，只要是祂們職權所在，誠心地向祂們祈求一樣無所不靈。

向天公求赦因果的方式稱爲「天赦」，而「天赦」赦的是什麼？簡單來說就是赦免「原罪」。

爲什麼我們需要「天赦」以「赦免原罪」呢？

第一章提到過「求財之前需先還債」，這裡所謂的「債」，就是指過去世中我們曾經犯下的錯誤、得罪過的人、做過的錯事，這些人或事都會成爲我們今生的阻礙、阻力或挫折，因此我們必須抱持無比虔誠的懺悔心，先請求天公作主赦免過去所犯下的錯，清除背負在身上的「債務」之後，無債一身輕的我們便能繼續心懷善念行功造德（累積功德及好運），往後的求財之路才能更加順暢。

在每一個神的國度裡，都會將人視爲神的子民或是同僚，例如基督徒會認爲耶穌是他們的「主」或是「天父」，回教則信仰阿拉爲眞神，眞神帶領他們也爲他們赦免原罪；而在道教的靈山系裡，則是把每個人均視爲自天庭上的神仙。神仙因爲犯了原罪來到人間接受業報，如果要赦免在天庭所犯的過錯，則必須請求天公寬宥，以求有朝一日重返天界（天堂）。

在天庭時每個人的身份都不同，有的人是天公的女兒，有的人是天公的兒子，或是在天庭從事不同的行業，例如畫工、樂師等等。基本上這些行業或是身份都是出自於想像的虛擬世界，但它主要強調的是人人生而平等，而且都是來自同一個家族，只是因爲打翻天公的墨水瓶，或是玉女打翻花瓶等等小過小錯而被貶降人間受懲，當然也會有窺探人間男歡女愛的「欲女」，私自下凡尋覓如意郎君共結連理的劇情發生，但眞實狀況是不是如此不得而知，眞正的答案只有自己有一天位列仙班才能確知究竟，就像教徒也必須等到壽終正寢，才會知道自己是被送進天堂或推向地獄。

「求天赦」的完整名稱應該稱爲「祈求天恩開赦」，依照上述的天庭階級理論，神仙們犯錯才貶降凡間爲人，當時玉帝飭令凡來人間受輪迴之苦的眾仙眾神，皆不得攜帶天庭功勳至人間，否則哪還叫做吃苦頭？而我們祈求者，則是爲了讓自己能獲得功德的助益，因此向天公祈求網開一面赦免原靈原罪，哪怕是來人間受罰也能夠輕鬆一點，甚至是縮短刑期。因此，有人說會受苦受現實事物的折磨，原因之一是因爲福報享盡，福報也可以用來解釋天恩開赦中的功德，雖不中亦不遠矣。

找天公辦的是赦免原罪的「天赦」，主要是針對靈魂體重新洗滌，使之無垢無淨，接著再去求辦赦個人因果以及家族因果，清除人生的道路障礙，使之易於掌握時機、一展長才，因此，「天赦」可說是「求赦三部曲」中的第一部。

找天公，求天赦

全省各地幾乎到處都有供奉玉皇大帝的廟，有些是單獨供奉，有些是供奉三寶佛同時也供奉玉皇大帝，他們都可以幫助全省有心求赦的人達成心願。但要注意的是，求赦前要先確認該廟是否有提供燒紙錢的服務，受到環保意識的影響，現在很多廟宇都不提供燒紙錢的服務，這是很無奈的事情，因此大家要先確認過再去。

以下提供幾家常去的玉皇大帝廟供大家參考，沒有羅列於書上的，只需謹記：只要供奉主神是玉皇大帝就可以辦理「天赦」事宜了。

1、**台北松山奉天宮**：位於台北市信義路底福德街二二一巷十二號。
2、**大里慶雲宮金天公**：位於宜蘭縣頭城鎮濱海路七段三十三號。
3、**宜蘭玉尊宮**：位於宜蘭縣冬山鄉進偉路七二七號。
4、**台南天公壇**：位於台南市西區忠義路二段八十四巷十六號。
5、**新竹五指山玉皇宮**：位於新竹縣竹東鎮北埔鄉外坪村十一號。
6、**沙鹿玉皇殿**：位於台中縣沙鹿鎮四平街一二三號。
7、**龍井三陽玉府天宮**：位於台中縣龍井區龍崗里竹師二段一一二巷四十六號。
8、**嘉義市玉虛宮**：位於嘉義市盧厝里紅毛埤五之二號。
9、**高雄鳳山天公廟**：位於高雄縣鳳山市光明路一五一號。
10、**高雄左營中天大寶殿**：位於高雄市左營區左營大路五四九巷一號。

何時去求

一般求赦天恩大多會選在農曆初一或十五的下午一點以前，講究一點的也可以選擇以下時間的上午去辦理，通常都會有不錯的效果：

1、**天公壽誕日**（**農曆正月初九**）。

2、**天赦日**。指一年四季中的；春季戊寅日、夏季用甲午日、秋季用戊申日、冬季用甲子日，讀者可逕行查該年**農民曆上有寫「天赦日」即是**。

相傳這四日是一年中五位天公每年例行的「高峰會議」日，趁這幾天五帝到齊時，即可備辦四品禮物趨前求赦。有關天赦日的由來與妙用，請參考拙作《越住越有錢》（春光出版）一書的〈引「天氣」進門，轉動財運〉單元即知，在此不再贅述。

準備物品

準備求天赦的四品禮物如下：

1、基本配備：花一對、紅燭一對、五種水果一份（後述均以花、果、燭稱之）。

2、紙錢：

- 廟方紙錢六份。
- 卦金十支（中南部地區可用九金和四方金代替）。
- 壽生錢一刀（刀是單位數）。
- 補運錢十支。
- 用紅紙一張（約A4大小），上面書寫如下，直書橫書均可。

奉香拜請玉皇大天尊在上

弟子○○○，出生時間民國○○年○○月○○日，現居○○○○○○，今日良辰吉時，備辦四品禮物：四色金六份、卦金十支、壽生錢一刀、補運錢十支，誠心祈求　玉皇大天尊開赦天恩，賜弟子時來運轉、財源亨通，若蒙垂憐，必當竭心向善以彰神威，並祈祝本廟香火旺盛　玉皇大天尊神威顯赫。

弟子○○○百拜上申

中華民國○○○年○○月○○日

拜拜步驟

1、備妥以上「四品禮物」之後，全部置於案桌上，並將香、蠟燭點上。

2、點上香後，將稟文拿出來原文照念後再將香插上，此時要注意的是，除了向天公稟報之外，如果還有其他配祀神明，也要逐一稟報。

例如偏殿有觀音菩薩或是關聖帝君，就要把原來向天公說的話再說一次，不同的是稱謂改變而已，禮多人不怪，進到廟裡就要把自己當乖小孩，把神明當大人，小孩子看到大人都要點頭拜見，這樣才會得人疼，千萬不要勢利眼，以為來找的是天公就可以不用理會其他神明，這種現實鬼的作風神明對他的幫助也是有限的。

3、稟完後稍待約十分鐘，準備一對筊杯雙手合十，把你今天的來意再說一次，接著要說：「**弟子無知怕有所怠慢，請示天公今天所準備的紙錢份量是不是足夠為弟子開赦天恩**」。說完將紙錢數量逐一稟報，每稟一樣就擲一次筊，例如：「**請示卦金十支夠不夠？請賜杯明示。**」說完擲筊。

一正一反是「肯定、可以」、兩筊有弧度的朝上爲「不可以、不夠」、兩筊平面朝上爲「不一定、待查」。擲到肯定的筊就可以續問下一項目，擲到不可以的筊代表數量不夠，此時就說：再加三支可以嗎？如果一直都是不可以的筊就以三的倍數往上加，直到變成肯定的筊。

如果擲到「不一定、待查」的笑杯，表示對於你所稟報的數量還在考量中，因此可再說：「**請明確指示夠或不夠。**」然後再擲，擲到答案明確爲止。

4、紙錢的數量全都確定後，就可以安心稍待十分鐘，最後的動作就是燒紙錢，這時要擲筊問天公可不可以燒紙錢了，問時就說：「**今日感謝天公作主，爲弟子開赦天恩，如果一切圓滿，是不是可以奉化紙錢？**」擲筊肯定的話就可以拿著紙錢拜一下再去金爐燒化，若是否定的筊，則稍待五分鐘之後再來問一次。

5、紙錢燒完後，接下來就是決定今日成敗的重要關鍵！這時，我會去廟方台寫一張六百元（可隨喜）的功德單，拿著這張功德單對天公說：「**弟子○○○今日感謝天公開恩赦罪，特地添香油錢六百元以表心意，再次感謝天公慈悲，並祝香火鼎盛神威顯赫**。」使用者付費這是規矩也是禮貌，天下沒有白吃的午餐，捐一點香油錢一方面代表你的感謝之意，二來也可以資助廟方永續經營，說完後向天公三鞠躬並將功德單燒化於香爐內，收拾果物結束天赦之旅打道回府。

求天赦的注意事項

求天赦是很莊重的事，就好像在法律面前爲自己爭取減刑機會，所以一點都不可馬虎，要抱著很愼重的心意前來，拜拜時要態度恭敬語意誠懇，不可隨隨便便呼弄兩句，否則還不如在家睡大覺。

拜拜時衣著要整潔乾淨，不可穿低胸衣物或窄裙撩人，更不可短褲人字拖，記住，這是在神聖的殿堂拜拜求赦，可不是前往東南亞度假。

拜拜時最忌諱生氣、罵小孩、吵架，一定要心情輕鬆愉快，就好像今天是來領獨得第一特獎的心情就沒錯了。

除此之外，在廟堂內也不要隨意開玩笑亂說話，有時無心的一句話可能會換來神靈的惡作劇。之前就有位朋友在廟裡開玩笑地說：「天公如果不答應幫我，我就把祂綁在腳上帶回家做紀念。」

請注意，神明是要用「請」的，不是用「綁」的，請回去也是奉爲座上賓款待，不是帶回家做紀念，就因爲這位朋友太白目了，當下雖然沒發生什麼異狀，但是下山走到一半時，他突然腳抽筋痛得他唉唉大叫，一行人看他突然發作也覺得莫名其妙，只聽得他說他的腳很重舉不起來，這時有人想起他在廟中所說的玩笑話，便推測他是受到了懲罰，因此要他當場跪下道歉，白目朋友不由分說的跪下一再道歉，稍稍休息後痛楚感才逐漸消失，終於平安回到家中。

地赦：拜地藏王——清除求財障礙，化解災厄

如果說「天赦」是要求赦免原靈的原罪，那麼「地赦」就是透過拜拜，祈求在每一次的輪迴中，與人所結下的各種「債務關係」都能獲得有效的紓解。

債務有很多種，並不單純只是錢財的問題而已，錢債、情債、恩怨債、子女債、父母債……等等，看起來很多，但解決的方法只有一種，那就是——求赦。

與「天赦」比較起來，「地赦」要涉及的層面比較廣，方法也稍微複雜一點，但是萬法唯心，只要有心解決，憑著誠心、恆心、懺悔心，即便再複雜的事也會有知難行易的的解決方式，關鍵就在於心念與態度是否正確。

我聽過很多前世今生的故事，除了聽別人說他是某世的將軍、某世的公主之外，也常聽有人說因前世爲綠林強盜殺人許多，因此這世受人欺凌幾度亡命；也曾聽有人說因前世爲商不義承包造橋工程，結果偷工減料造成無辜之人

傷亡。諸如此類故事說也說不完，那時我心裡很好奇怎麼會有那麼多人做盡傷天害理的事情？又想如果傷害了這麼多人又這麼喪心病狂，不是應該墮入畜生道或惡鬼道，以求天理昭彰報應不爽嗎？怎麼仍可轉世爲人呢？

有一天我那常常比賽拿第一名，接受老師表揚的侄兒，從學校回來說，他因爲在學校和同學吵架，兩個人通通被老師罰站。這時我突然明白，功過是不能相抵的，好動的侄兒雖然天性聰穎很會讀書比賽，但是一旦和同學吵架，維持平等對待的老師就必須兩個人一起處罰，不能因爲侄兒是第一名就可以拿獎狀去換罰站的時間。

話說回來，前世大奸大惡之人，如果他有某些地方是有功勳的，那麼就能得到上天的寬貸，再次輪迴爲人並且對過去的事情給予彌補的機會。而因果的應期通常是在三十五歲以後，有些人甚至是年過四十以後才會接觸到因果的影響力。

好的因果力是指福報，大部分的人福報都是在三十五歲以前享用，有些人則在晚年時得到福報，那是因爲他的子女所帶來的。

不好的因果則是指冤親債主的業力干擾，冤親債主是指與你在某一世有恩怨，而對方卻不具人形的負面能量，有些人以鬼稱之，但若與你有恩怨關係的則稱爲冤親債主。

不具人形的冤親債主對個人的影響是漸進式的，不像人對人一樣，一言不和可以立刻比手畫腳，冤親債主要做業力催討也必須等個人福報享盡時，才能開始進行業力催討。據說那時守護神必須退位，不得干預冤親債主的權益。

一般的業力催討可分爲「個人業力」和「家族業力」。「個人業力」是指家族以外的業力，例如與冤親債主間的債務問題，通常會發生在事業工作和財務的危機上；如果是感情的債就會發生在遲婚或婚姻生活不美滿上；如果是屬於與生命有關的，則會發生在多年痼疾或慢性病上，由於這屬於健康上的業力，在此不多談，僅依據求財、失利一事說明。

多年前，曾在一次靈山之旅中遇見一位長者，他當時也是隨著其他人前往南部某座廟宇祈求事業順利，聊天中得知他曾經是位中藥批發商，生意做得有聲有色。當時他的聲望如日中天，甚至還當選過中藥會長，哪知有一次因爲中藥含鉛過重的事情，讓他從此兵敗如山倒，甚至還負債千萬，想到他一生心血努力，頃刻間化爲烏有，不禁感慨人生世事多變。

然而他還是不放棄地希望有朝一日能夠鹹魚翻身，在因緣際會之下，他聽從朋友的建議前來朝山，希望神明慈悲可以助他東山再起。於是，就這樣一路拜下來也有數年之久，但是他感覺事業上的表現並不如他的預期，他依然載浮載沉持續了近十年。某次祈福之旅中，他伏撲在神明面前，想到這些年來的際遇，不禁悲從中來，竟然在眾人面前放聲大哭。他老淚縱橫地對著神明說，如果這是他的前世冤業導致今生有此報應，他誠心地在神前祈求寬宥赦免，讓他能有重新再來的機會，如果天可憐見願意助他一臂之力，他清償完債務之後願意從事神職，以答謝神明恩典。

他當時的舉動讓人錯愕也讓人動容，據說這時有個老太婆從人群中姍姍走出，手輕輕地搭在他的肩膀上說：「這麼誠心的懺悔，神明很感動，一定會幫助你的。」當時這位長者沒怎麼在意老太婆的話，等到心情稍稍平復後，他突然想起這位老太婆，卻怎樣也再沒遇到她。至今，他一直將這段不經意的偶遇視爲神明降臨的奇蹟。

那次和他一番閒聊之後，我試著建議他不妨先從「赦因果」開始做起，很多人遇到困難四處撞壁時，先想到的都是去求神明讓自己想要做的事可以順利完成，或是趕快去找財神爺求祂賜財。但是這些方法僅止於遇到小困小難時可以做，如果本身還不到業力追索的時間，那麼神明是可以根據祂的功德力，幫你稍稍推一下，就像船擱淺岸邊一樣，幫你轉個方向，你就可以繼續航向大海。但是，如果是船艙漏水，也就是所謂的業力追索，此時神明也只能望之興嘆，要你多多忍耐咬緊牙關撐過這段時間，畢竟**「神佛不破因果」**是鐵律，神化不過、人也躲不過，因此，此時唯有先自助而後才能求天助，**先化清業力的糾纏再來補財進財，才是一勞永逸的作法**。

老前輩聽完後甚覺有理，因此，決定試著一方面求神參拜，另一方面依照「天赦」、「地赦」、「天地渡化」的程序逐一辦下去。這當中我們經常聯繫彼此互通有無，閒暇之餘我也會自告奮勇陪他去寫疏文稟報。記得辦到第三關「天地渡化」的那天下午，我們將東西收拾乾淨準備離開廟宇時，他突然接到一通電話，電話裡同行問他有沒有地方拿「冬蟲夏草」和「藏紅花」，據說這兩樣中藥補品，目前行情節節上升，同行說只要他有地方拿貨，多少錢他都願意收。

老前輩聽完立即打電話到中國，只聽他說個幾句，對方就答應幫他找頂級的行貨。後來我才知道，當時一物難求的珍貴藥品，老前輩隨便打個電話就可以處理，原來是因爲中國這位賣家當年周轉發生困難瀕臨倒閉，所有的下游廠商一聽到消息，有的扣下藥材有的索性不付貨款，落井下石人人趨之若鶩，唯獨這位老前輩趕緊還上貨款，讓他能夠暫時得到舒緩，他們之間的交情就是在當時患難結下。那位中國藥商當時幾乎痛哭流涕地對他說：「老哥，您這情我領了，以後哥的事就是俺事。」就憑著當年的一句話，在辦完天地渡化的那刻，朋友間的金石情誼化作彼此幫助相互扶持的神蹟。

此後，老前輩在耳順之年又翻身了！他將他的債務悉數還清，並一直以感激的心情說，沒想到在他有生之年，還有機會將債務清償，而他也依照之前的承諾，在南部某廟宇服務，徹底履行他的職志。

檢視老前輩之所以能夠東山再起，其實有幾個很關鍵的地方：一是他的徹底懺悔，並且堅守承諾；二是在最困難的時候他依舊努力不輟，不會將全部的責任讓神明去扛；三則是他做人成功，最後也得到朋友的回饋。**拜拜和做人是一樣的，誠信踏實的做人、虔誠謙卑的拜神，最後都會得到人（陽）、神（陰）的祝福與幫助。**

一般的民間宗教信仰中，要辦理「地赦」大部分都是請求地藏王菩薩幫忙。地藏王菩薩是佛教的神祇，又稱爲幽冥教主，其職願力是要渡盡陰間所有的亡靈。但要注意的是，地藏王當時的願力是說：「地獄未空、誓不成佛」，他要渡的是地獄受苦的亡靈，而不是地府的陰靈，地府是陰靈存在的空間，地獄是陰靈受制裁的拘禁之所，兩者是不同的，地獄的陰靈需要地藏王的渡化，而地府的亡靈則隨業力流轉來去六道。

而在道教的民俗信仰上，如果有遇到「陰」的事物，還是會請地藏王化解。與地藏王功能相仿的還有道教的「太一（乙）救苦天尊」，也是屬於可以祈拜求赦的神祇，只是一般廟宇有恭立祂的神像者較少，因此大多數的信仰還是會去請地藏王幫忙。

除了地藏王之外，還有一尊大神也是人們求赦的對象，就是開封府的包青天大人。據說包公在生時剛正不阿，往生後便被封為「閻羅天子」處理陰間冤害不平之事。包公生時奉守三綱執法森嚴，死後為神續守忠義秉公辦理，因此，前往包公廟的信徒也是不絕於途。所不同的是，包公鐵面無私，而閻羅天子除了鐵面無私之外，還多了菩薩心腸，在合理的狀態下，還會調解民怨紛爭，以下便介紹去哪裡尋覓這兩位大神幫忙開赦。

找包公、地藏王，求地赦

全省各地的地藏王廟很多，以台北縣市來說就有五、六間之多，相對的包公廟就比較少，以下的羅列全省數間地藏王廟、包公廟供大家參考：

1、**台北縣新莊地藏庵**（大眾廟）：位於新北市新莊市中正路八十四號，付清潔費可燒紙錢。

2、**台北縣樹林鎮慈恩宮**：位於新北市樹林區太平路二二七號。

3、**台北艋舺地藏廟**：位於台北市萬華區西昌街二四五號。

4、**嘉義九華山地藏庵**：位於嘉義市民權路二五五號。

5、**雲林縣包公祖廟海清宮**：位於雲林縣四湖鄉崙北村海清宮九十三號。

6、**高雄縣大寮開封宮包公廟**：位於高雄縣大寮鄉開封街一二〇號。

辦理「地赦」的時間，通常是在「天赦」處理完的一週後。據說主要原因是為了要有「行文」的緩衝時間，這話聽起來有點滑稽，大部分的人一定會說：「祂們不是神嗎？手一揮不就全部都辦好了？」其實這對神界是很大的誤解，神格要糾正人格，所以祂們更要嚴以律己，所有的事情一絲一毫都不能馬虎，否則祂們怎有資格來教育人們甚至渡化人性？就像神幫助人一樣，人們以為在窮途末路時，只要神明願意像魔術師一樣變個戲法，就可以因此蒙利改變一生，殊不知在神佛不破因果的鐵律下，神明如果眞的這麼做，祂也逃不過法界的制裁。

但是神明還是可以幫你的，前提條件是你必須付出懺悔心，並且願意付諸於行動。例如做善事幫助他人、持戒念經迴向、燒化紙錢釋解冤親等等，神明才能憑藉著你的誠心所作所為，以此向宇宙主宰、冤親債主作為協調開赦的要件。哪怕是位高權重的地藏王或是太乙救苦天尊、包公，祂們也都是以這種方式處理，而不是以強權欺壓「逼鬼就範」。

一般辦理「地赦」，大部分的人會選擇在下午一點過後到廟裡辦理，主要原因是有人認爲辦「地赦」是屬於陰的事情，因此要在下午一點過後陽轉陰的時間辦理比較恰當。雖然有此一說，但我認爲那是一般人望文生義的概念性認定，試想很多道教、或佛教的超渡法會不也是在早上就開始梵音㬈㬈鑼鼓喧天？

下午去辦「地赦」還有一個問題，畢竟地藏廟是專辦靈界眾生的地方，因此陰能量非常充足，而到了下午陽轉陰時更爲加劇，身體虛弱的人或是體質敏感的人，此時往往會有頭重腳輕、全身疲乏、腳步沉重的感覺，那是因爲原本己身就已經不是很足夠的陽能量，又受到旺盛的陰能量干擾的關係，如果有這方面問題的人，最好還是選擇上午的時間去辦理，以便明哲保身。

有一次陪一位日本的朋友到地藏庵幫他的父親辦理超渡，他的父親是日本軍官，死於戰亂中。辦理當天臨時又來了一位朋友，他有天生的陰陽眼，說是有事要到地藏庵來找我。來了之後，朋友看見了桌上的供品，突然面色凝重地把我拉到一邊，問說我們是在辦什麼事情？爲何他看到一隊日本軍隊，有斷手、斷腳或沒頭的，看得他怵目驚心，跟他說明原委之後，他才恍然大悟。

準備物品

這裡提到的準備物品，是單指要辦理個人因果業力的開赦。前文所說的家族業力，由於準備的東西相當繁複，建議可以在中元普渡時參加寺廟道觀的超渡祖靈法會，或是未來有機會再另書說明。而關於個人因果業力的準備物品如下：

1、花、果、燭。

2、稟文。以黃紙書寫，格式如下：

弟子〇〇〇民國〇〇年〇〇月〇〇日（農曆國曆均可）吉時生，現居〇〇〇〇〇〇〇，前日（寫上辦天赦日期）已於〇〇宮廟，得 玉皇大天尊恩准辦妥天赦，今日敬備四品禮物誠心祈求 地藏王菩薩作主，為弟子化解今世所纏之業力，弟子過去世不知所犯諸錯誤，在此祈求消愆滅罪，讓弟子得以陰陽兩利，化業力於無形各歸本位，若得垂憐，未來弟子必當行功造德以謝神恩。

弟子〇〇〇百拜上申

中華民國〇〇〇年〇〇月〇〇日

3、紙錢如下：

- 廟裡的四色金六份。
- 大銀三十支。
- 小銀三十支。
- 卦金十支。
- 福金二十支。
- 佛祖金一刀。
- 壽生錢一刀。
- 往生錢一刀。
- 本命錢一刀。
- 地藏金十支。
- 壽金十支。
- 黃白錢各三支。
- 巾衣三支。

- 甲馬三支。
- 庫錢三箱（庫錢也稱庫銀，是給往生者的，和天地水庫不同）。
- 壽生蓮花十八朵。
- 往生蓮花三十六朵。

拜拜步驟

1、求法和「天赦」一樣，必須逐一的向廟裡的每一神殿說明你今天是來辦理什麼事，並且祈求相助，讓所辦事宜圓滿順利。

2、在求辦「地赦」之前，最好先至廟裡擲筊請示是否可以幫你辦理「地赦」，並且將上列的紙錢數量念一次，確定好數量後再回家準備東西擇期再來，可以避免因數量不夠的麻煩。

3、求時依照稟文直接念即可。

4、到廟裡櫃檯寫一張功德單，向神明照會，感謝該廟神明的幫助。

5、拜好後擲筊請示是否可以燒化紙錢，若同意即可將紙錢、蓮花、稟文、功德單一起燒化。

6、如果連擲數次都還不能燒紙錢，通常原因是指辦一次不夠，必須再辦第二次，每個人的業力不同，因此次數也因人而異。

7、全部辦妥後，請再向諸神鞠躬，感謝今次的鼎力相助。

求地赦的注意事項

1、所有的紙錢數量備妥後，要逐一向神明稟報，並以擲筊的方式請示數量是否齊備。若是擲筊顯示不夠，則必須一樣一樣問，不夠的項目就逐一累加。

2、辦「地赦」的紙錢用量會比辦理天赦的紙錢用量多很多，如果經濟上有困難者，可以向神明擲筊請示，是否可以按半年繳或季繳的方式辦理，經同意後，可以按「分期」的期數平均分攤。請記住！分期的繳法只能多不能少，可別想要偷斤減兩，神明一旦同意，祂就會幫你全權處理，只要肯做，沒有處理不了的事。

3、一般處理「地赦」的事宜，不宜選在農曆七月中元節期間，因目前我們所處理的是干擾我們現世的因果業力，七月中元節百鬼出鬧，很容易招來其他累世累劫的冤親債主。除非你一心求道所以希望儘速化清業力，那就不在此限，如果只是想盡本分讓此世不受業力干擾，那麼只要針對今生該做的事去做即可。

辦理「地赦」會比辦理「天赦」稍微複雜一點，這時最需要的是耐心和堅持力，有的人半途而廢，有的人堅持到底，最後的結果當然是如寒天飲水冷暖自知。宗教之所以能存在那麼久，就是因爲每個人的想法、個性、堅持性不同，接受的人會從中發現新世界，不接受的人就只能另覓他途，尋找另一種他可以接受的模式。對於信仰從來沒有誰能勉強誰，而我只是在我接觸過的各種方式中，提供我個人覺得最有效的方式給大家參考，這裡面沒有任何的吹捧也沒有任何誇張不實的地方，完全是憑藉著個人的信念去改變自己的未來。

進行到「地赦」這一部份後，基本上可說已經完成了大半部分的事宜，接下來就是下一節輕鬆愉快的「天地渡化」了。

天地渡化：拜觀音菩薩——補充正面求財能量

看過封神榜的故事嗎？從紂王無道到九天狐狸妲己妖惑亡國，最後武王興兵討伐，姜子牙運籌帷幄展開一場天人之戰，最後滅商立周……關鍵是最後的封神台，當時不論有功無功、是對是錯，都受封爲天上神祇。例如妲己受封貪狼星主掌酒色與桃花，姜子牙受封爲天機星，主掌智慧與創意等等，對一般人來說，這是一本熱鬧緊湊有趣的神怪小說，但是對於深諳門道的人來說，這是一本最早的宇宙能量說，作者藉著歷史的情節，將宇宙間的各種能量擬人化的羅列其中，形成這部膾炙人口的曠古奇書。

「天地渡化」一事的精神意涵，狹義的來說，是透過這樣這樣的程序將內心的一些「無明性」的問題予以根除，「無明」可以解釋爲莫名其妙不知所以產生的煩惱、恐懼、擔憂、心悸、憤怒、不安全感等等；廣義的來說，則是透過「天地渡化」的方式，改變我們周遭的人事物環境，使其對我們產生幫助性或者和諧性。

辦「天地渡化」最佳神選應該是找觀音菩薩作主。觀音菩薩聞聲救苦，是全華人地區最爲普遍的信仰神祇。幾乎所有人都知道，觀音聞聲救苦，只要有人在危急關頭脫口而出「觀音菩薩！救命！」大部分的時候都會有神蹟出現，而出現的神蹟通常都是觀世音菩薩將有害於你的能量，以祂的慈悲力和願力，將這股能量度化到他的淨土，從自己的觀點來說，你得救了，從業力的觀點來說，那個原本要施害於你的業力被救贖了，這就是陰陽兩利。

但是換個角度想，如果觀世音菩薩聞聲救苦是這麼百求百靈，那麼平凡的我們爲何總要事到臨頭時，才臨時抱佛腳的出口求救？也許這樣可以「大事化小」減少損失，但若是平常就有每天祈請的習慣，是不是就能讓「小事化無」？不要每次都是燃眉之急才求救，神仙再行也有措手不及的時候。

有位同行前輩，平時禮佛有加，專修觀音法門，每天一覺醒來就是先拜觀音，每次出門時都是先向觀音稟報，祈求出門平安。有一年他從自己的紫微斗數命盤裡，發現那年的五月他會有意外車禍，雖然命不至死但也難免斷手斷腳，得送進醫院大修，據他自己估計沒躺個十天半個月，這個災劫是很難平安度過的。

那一年的五月，某一天，他的夫人煮菜時少了兩根蔥，非要他上街去買，他才剛走到巷口，手機突然響起，他正要打開手機，說時遲那時快，他眼睜睜地看見正前方一輛私家車，虎奔豹行的向他衝來，他還來不及回神，心想：糟了！在劫難逃！觀音菩薩……念頭才剛落，車子已經衝向他，但奇蹟也同時分秒不差的發生，車子在距離他差不到十公分時突然「嚓」的一聲嘎然而止，他嚇得心臟差點沒掉出來，女車主趕忙下車連聲道歉，忙不迭地解釋說她的車子不知怎麼回事，突然自動催起油門，她在車上也嚇呆了，忙亂間她下意識的踩住煞車，幸好煞車回靈ABS生效才沒釀成大災。

那晚同行前輩做了一個夢，夢見一位白衣婦人來看他，滿面慈祥地對他說：「心存善念，必有神助。」語畢，化成一道亮光消失不見，他趕緊起床再三禮拜。

觀音的願力之一是渡化世人，我們辦完「天赦」、「地赦」之後，爲求更加圓滿，就必須將這些業力能量送至觀音道場，祈求觀音渡化這些能量。如此說來，觀音就好比是環保工廠，我們將多餘的能量物資（業力）送往觀音的環保工廠，以便再製作再利用（修行），這些業力們先是仇家變親家（天赦、地赦），後來又被你送往觀音淨土修整，哪天業力功德修成，他們會感懷你當年的送修善舉，日後當你需要幫助時，他們就會群湧而至助你一臂之力，這也就是結善緣的意思。人與人應該和諧的結善緣，與靈界的業力們結善緣，更是化干戈爲玉帛的最好方式，而這當中最大的功德主就是觀世音菩薩。

找觀音菩薩，求天地渡化

全省各地都有觀世音菩薩的寺廟，以下羅列較有名的觀音廟供大家參考：

1、台北縣林口竹林山觀音寺：位於台北縣林口鄉竹林路三二五號。

2、台北觀音山凌雲禪寺：位於台北縣五股鄉觀音村凌雲路三段一一六號。

3、台北萬華龍山寺：位於台北市萬華區廣州街二一一號。

4、彰化縣竹塘慈航宮：位於彰化縣竹塘鄉竹塘村光明路二四九之一號。

5、宜蘭縣爐源寺：位於宜蘭縣羅東鎮維揚路五十五巷十六號。

6、嘉義縣半天岩紫雲寺：位於嘉義縣番路鄉民和村半天岩六號。

7、台南縣關仔嶺碧雲寺：位於台南縣白河鎮仙草里火山路一號。

8、高雄縣內門紫竹寺：位於高雄縣內門鄉中正路一一五巷八號。

辦天地渡化的稟文怎麼寫？

找妥欲求的觀音寺廟後，必須先用一張黃紙（規格如A4），寫好一張「天地渡化」稟文，內容如下：

奉請○○廟（寺）觀音菩薩在上：

弟子○○○弟子○○○民國○○年○○月○○日（農曆國曆均可）吉時生，現居○○○○○○○○，日前（辦天赦日期）已於○○廟蒙　玉皇大天尊恩准辦妥天赦事宜，又於日前（辦地赦日期）已於○○廟蒙　地藏王菩薩（包公、太乙救苦天尊）恩准辦妥地赦事宜，今日敬備四品禮物，望　觀音垂憐為弟子辦理天地渡化，引渡因果業力慈航濟度，使陰陽兩利各歸本位，如得　觀音菩薩慈悲普施，弟子將謹記慈訓行功造德以謝天恩。

弟子〇〇〇百拜上申
中華民國〇〇年〇〇月〇〇日

以上的稟文簡潔明瞭，雖不像廟中所用的疏文繁複，但是只要秉持堅定的誠心和信念，必能感召觀音菩薩，聞聲而至化應顯靈。

用黃紙或紅紙寫疏文有何差別？

拜拜時的疏文有時會用紅紙，有時則用黃紙，其間的差別是什麼？

在傳統的宗教儀典中，大部分都是以黃紙書寫以求愼重，但在我們私人拜拜祈求中，是將紅紙歸納爲「祈求、賜福」所用，黃紙疏文則歸納爲「祭、赦、渡化」時用，皆因紅色在中國人的觀念裡代表喜氣，黃色則代表至高無上之意所致。

辦「天地渡化」的紙錢少到令人會心一笑，但別以為少就不重要，清除業力的程序中，「天地渡化」是一項很重要的關鍵。舉例來說，在有利人士的居中斡旋下，彼此握手言歡、化敵為友，但是此後大家必須恩怨兩消不再糾纏。然而佛經上說：「人身難得」，要修佛或是希望得生淨土，必須如人般有口可以持誦經文、有手可以捻指合十禮拜神佛，但冤親債主們充其量不過就是一道能量團，他們無手足、無口，即使有心向道也是心有餘而力不足，此時若可以再多做一道「天地渡化」的手續，無異是在彼此化清債務關係之後，再搭起一道友誼的橋樑。不但可化敵為友，同時也產生情比金堅的情愫，他日他修成正果，第一個想到的人絕對是你，有一天他也會回來幫助你。

每次我在返台時，都會有無形的修行者跟著回來，有一次跟回來一位修行的道姑阿飄婆，它要我將它送去觀世音菩薩那邊修行，當時我也覺得荒謬，但是又覺得大家萍水相逢送修（渡化）也不是難事，於是就著手幫它處理，當晚就夢見它前來道謝，還說大家以後有緣再見。萍水相逢的人況且如此，何況是與我們關係密切的冤親債主業力？

準備「天地渡化」的紙錢如下：

1、花、果、燭。
2、稟文一份。
3、壽生蓮花三朵。
4、補運錢三十支。
5、手珠一串（材質不拘）。

拜拜步驟

備妥上述的花果燭金紙，就可以找一個風和日麗的好天氣，帶著愉快的心情到觀音廟去辦「天地渡化」了，求辦時的程序如下：

1、將四品禮物放置於神桌上，再去點香準備上稟。

2、持香稟報時先朝天拜，口念：

> 奉請玉皇大天尊在上、諸天過往神佛在上，弟子〇〇〇（姓名、年齡、住址）今日來〇〇觀音廟，祈求觀世音薩為弟子天地渡化，在此稟明並祈求今日辦理圓滿順利。

3、稟天後再入廟向主神觀世音菩薩稟報，稟報時將稟文拿出來唸即可。

4、主殿稟後，再向其他配祀的神明稟報，祈求相助令其圓滿順利。

5、去櫃檯寫一張功德單，金額隨喜，將功德單和紙錢放在一起。

6、全部做完後稍事休息，大約十分鐘後再向觀音擲筊請示今日是否圓滿順利？若得肯定的筊就再問是否可以燒化紙錢，又得肯定筊就可以將紙錢燒化，做畢，再向觀音菩薩道謝，即可收拾東西打道回府。

7、如果筊意指示是反面的，則問是否紙錢量不夠？是的話就逐一擲筊問紙錢數量，等到全部都得到肯定筊後，再問是否可以燒化，若是，即可燒化。

8、紙錢如果指示還不能燒化，大部分都代表事情還在處理中，必須再等五至十分鐘之後再問一次，直至筊杯肯定方可燒化紙錢。

9、置於供桌上的手珠不要燒化，回家時也不用帶走，直接置於桌上即可。

拜拜的繁文縟節非常繁瑣，但一切都是以恭敬和虔誠為出發點，有這種心意就不會覺得過程繁瑣，畢竟禮多人不怪，不管有效與否，起碼當你身心恭敬時，體現出來的會是你的教養與內涵，同時也能起帶頭作用感染他人，端正宗教信仰風氣。

送外陰——去除負面能量，讓貴人近身

本章的最後一節是「送外陰」，按理說是和「天赦」、「地赦」、「天地渡化」無關的。一般人都很常聽到「卡到陰」，「卡到陰」有分很多不同層面的情節，例如被冤親債主卡到，稱爲「業力糾纏」，如果你擁有靈異體質，而被有「道行高」的靈界阿飄選中，則稱爲「共修」或「附身」，以上所說的均爲常態性的情況，要處理起來也相當繁瑣，不屬於本書的討論範圍。另一種「偶發性」的「卡到陰」，就好像騎車、走路不小心與人相撞的那種情況，彼此間沒有血淚交織也沒有深仇大恨，只是一場萍水相逢的偶遇，這種類形的「卡外陰」在處理上也較爲簡單。

所謂「外陰」就是「阿飄」，當一個人運勢旺、能量強時，被外陰碰撞是一點感覺都沒有的，甚至是外陰自己倒楣；但是當一個人運勢弱能量低時，被外陰撞上就吃不完兜著走，這也是一種陰陽理論的另外一種解釋。

雖說「卡外陰」就好比與人輕微擦傷般的小事，但畢竟我們的肉體承載過多的負面（陰）能量，日積月累之下便對身體或運勢造成相當程度的干擾。運勢低弱時被外陰撞上，如果沒有予以淨化處理，時日一久就會越吸附越多，所產生的表面影響會有：身體日益衰弱、脾氣日益暴躁、夜不能寐、判斷失誤、日漸消瘦或肥胖、錢財損失等等負面影響，因此還是要給予淨化對我們個人會比較有幫助。

筆者拜拜已行之有年，遇到奇人異事是常有的事，尤其是通靈者比比皆是，甚至是認識許久的朋友，有天偶遇竟也聽說他具備了陰陽眼的特質。那位朋友說，某次他出了一場大車禍，頭蓋骨破碎幾乎要了他的小命，從鬼門關繞一圈回來之後，他就開始能看見街上「熙來攘往」的阿飄了。他說，人通常見不到阿飄，但是阿飄卻可以看見人，阿飄看見身體能量強的人無法近身，只能繞道而過，但是遇到身體能量低的人，就會如群蟻附羶一樣的蜂擁而至。

剛出院時，朋友的身體依然很虛弱，有一天他上街遠遠便看見一個無頭「飄哥」往他衝過來，他下意識的閃身避過，那個飄哥沒撞著他也覺得很納悶，回過頭還對他說：「原來你看得見我！」這下子好了，他不僅看得到也聽得到，當下朋友更是嚇得冷汗直流渾身無力。

就因爲阿飄們最喜歡「偶遇」，所以「偶遇」的熱門場所大都是醫院、殯儀館、墓場、夜路、黑暗場所（夜店、酒吧）等等地方，去醫院、殯儀館、墓場是事出無奈，但是年輕人最喜歡泡酒吧，十之八九與外陰的邂逅都是在夜店中，所以去夜店不單是泡帥哥美女，還得小心別順便帶回飄哥飄姊們共枕。

此外，有沒有卡到外陰要怎麼判斷？通常「卡外陰」常發生的部位是在頭、頸、肩、腰、小腿、腳踝等處，症狀大都是暈、眩、痛、酸、重、無力。例如頭沉而暈，有嘔吐感；頸、肩酸麻，好似千斤壓頂；腰部在脊椎部位有兩處似有若無的酸痛感，但又無法按壓到準確的位置；腿及腳踝就好像被綁上鉛鎚一樣舉步維艱；有些虛弱的人甚至還會臉色發白、冷汗直冒噁心想吐。

這些症狀看似風寒感冒，但是如果仔細觀察，發作的時間通常會在下午四點至五點以後的時間，如果有這樣的情況，就要小心是被阿飄們盯上的徵兆。此外，被外陰卡到的人還有另一種現象，那就是晚上要不是精神特別好，要不就是不容易入睡，睡眠品質也是斷斷續續，或者好發惡夢。

卡外陰基本上算是小問題，很多看似很複雜的狀況，如果回歸基本面，用最簡單的方式處理，往往就能得到很好的解決。就像當ＳＡＲＳ無情的蔓延，所有西醫都望之束手無策時，傳統的中醫卻用金銀花和板藍根即可解決大部分的問題一樣，處理卡到陰也是相同的道理，只要先把外陰處理好，就醫用藥便可水到渠成，有些輕微的甚至可以不藥而癒。

找土地公，除外陰

處理外陰的事情比較簡單，可以帶十支卦金和一份四色金，到土地公廟請土地公幫忙。

到了土地公廟後，虔誠地對土地公公說，你因不慎卡到大小善靈，請土地公幫忙，將這十支卦金送給大小善靈，大家歸山歸海各歸本位，另外的四色金則是答謝土地公用的。

除外陰的注意事項

1、以擲筊的方式徵得土地公同意之後，即可將紙錢拿去金爐燒化，在燒化之前，請先用卦金在自己的身體上四處拍打，拍打完後就可以連同四色金一起燒化了。

2、送外陰之後，如果可以去青草舖買一些乾的茉草回家泡澡，效果會更好。

外陰雖然是一種不期而遇的能量團，但也別小看它的力道，尤其是阿飄會「呷好道相報」，所謂物以類聚，同質性的能量會如吸鐵般的越聚越多，當陰能量越來越強的時候，相對的自己的陽能量就會被逐漸轉化爲陰能量，這也是人的運勢爲何會越來越差的原因之一。

因此，處理外陰事件雖然只是花點小錢，但是所得到的正面助益卻是無窮的，小事時就應該未雨綢繆著手處理，不要等到發生大事時呼天搶地亡羊補牢，那也只能徒呼負負了。

第三章

找誰拜，才有錢？
找到和你最有緣的「財神爺」靠山

- 分工細膩的財神家族
- 如何求財神才有效
- 找到本命財神爺當靠山
- 怎樣求，更有效？加強本命財神的加持力財神的分類有很多種，文財神、武財神、五路財神、八路財神及十方財神等等，如果再加上密宗的黃財神、白財神、象鼻財神，財神的家族應該可算是神佛史上最族繁不及備載的一支了。

而中國的財神大都來自兩個領域，一個是來自道教敕封，另一個則是來自民間的信仰。在本章的訴求中，除了概略介紹一般人耳熟能詳的財神之外，最重要的是教大家如何找到屬於自己的財神。

屬於自己的財神並不一定叫做財神，祂可能是某一位與你有關的神祇，早在你開始著手辦理前章所述的「赦」時，祂就已經出現在你的身邊，引導你一步一步走向「致富之道」。只是因爲當時你的身上所沾惹的負面能量過多，使得祂們無法讓你感應祂們的存在，也就是說，**如果身上的負面能量淨化乾淨了，「財神」的能量才能與你相應**。此話怎講？爲何一定要負能量去除後財神才能顯現？

祿畏沖，財怕髒

很多人耳聞某財神廟靈驗奇準每多異象，於是也隨人舉香朝拜，希望自己就是被財神選中的幸運兒，但是結果往往差強人意，主要的原因就是「祿畏沖、財怕髒」。這是命理上的一種說法，「祿」是指工作事業或是升遷，命理上稱爲「祿位」，祿位喜歡安靜無擾，一旦有流年沖剋來犯，就要當心那一年的工作、事業、官位可能即將面臨一場巨大的衝擊；「財怕髒」則是從陽宅風水的角度來看，大凡錢財的來龍去脈都必須乾乾淨淨，一絲不苟清楚明白才能累積財富，因此，陽宅中的財位通常都會建議大家要整理得乾淨舒服怡人，才能留得住財氣。

拜財神也是相同的道理，財神是很乾淨的神祇，如果你身上的穢氣未除，財神即使想送你金銀珠寶，也會被你身上的穢氣（業力、外陰）阻擋在外，而無法進入你的財運系統進行加油添柴。

君不見昔時帝王、高官爲民祈福攘災，都得先沐浴齋戒禁止行房敦倫數日，以求身心淨化，才能登壇高頌向天祈求？如果說身心靈是一體的多面，齋戒沐浴禁慾，只是達到了身與心淨化的誠意表達，而靈的淨化則是指業力與外陰完全去除。靈性淨化是爲了與神性之間的溝通暢行無阻，禪宗的偈語不就說：「時時勤拂拭，不使惹塵埃。」什麼東西要勤拂拭？宗教說的是心性，因爲唯有心性淨化才能提昇靈性淨化，世間人不見得每個都想修道成佛，但每個人都想大富大貴起碼是肯定的，既然無法從心性上著手，那何不從靈性上著手，先掃除業力再求心性的淨化？這是殊途同歸的道理，在渡化的八萬四千種法門中（**意思是很多種法門**），這也是其中之一，而對世俗凡人來說則是一種求財求提升的方便法門。

此外，本章也將概略說明「並非每一個人向財神求財都是有用的」，**找出與你緣分最直接**、**最深的神祇**，**反而最能在財富和運勢上給予最好的幫助**。祂不見得名爲財神，卻能在你運勢強時錦上添花、遇難時雪中送炭，因爲祂等同於我們現世的父母親般慈愛，因此我們另外取一個名字——「靈主」，代表祂是除了父母之外最疼我們、最同理心，給予我們慈悲喜捨的神祇。

分工細膩的財神家族

民間信仰的財神很多，台灣地區的財神大多沿襲福建沿海一帶的信仰而來，其中又分爲文財神、武財神、五路財神等等。福建人信仰最多的財神是文財神比干、武財神則是趙公明。除此之外，民間對於文財神的信仰，還有陶朱公范蠡、文昌帝君、財帛星君等等；而武財神則多有信奉關聖帝君、鍾馗等神祇。

文財神

比干

爲什麼比干是文財神呢？封神榜中，比干挖心規諫紂王的故事大家應該都耳熟能詳，比干勸諫無效離開王宮之後，看見市井小民穿梭於市集之中，只爲求三餐溫飽而汲營忙碌，不禁感嘆自己身爲佐國重臣，卻眼睜睜看著君王縱欲無度，而自己力有未逮，想及至此覺得有負眾民所託，於是將家財散盡，濟世惠民。

比干死後被道教納入神藉，封神爲「天官文財神」，不但是因爲他不畏生死直言諫君，也是因爲比干「無心」，既然「無心」則能無偏無私，又因他家財散盡毫不慳吝，生時受人讚佩死後受人景仰，名藉之記也就名列仙班，受後人香火供奉。

林姓家族是比干文財神的後代

台灣林姓佔大多數，但卻很少人知道林姓的遠祖太公就是比干。

當年比干一家被紂王誅殺之後，有孕在身的比干夫人在家僕的掩護下，一路南逃躲進樹林中，當官兵追到時，官兵查驗身份問她姓啥名啥，比干夫人情急之下指林爲姓，從此林姓後代子孫始出。

或許是太公功在民間蔭及子孫吧，據說湄洲媽祖林默娘就是他的第七十八代孫女，可見積善之家必有餘慶，此話一點不假。

陶朱公范蠡

陶朱公范蠡是春秋戰國之際傑出的政治家、思想家和謀略家，同時也是一位生財有道的大商家。

范蠡父子在齊國海邊耕種土地，勤奮治產不久，就積累家產數十萬金。齊國君王久聞他盛名遠播，於是派人送相印邀請他入朝佐國。范蠡想了半天，深謀遠慮地說：「居家則致千金，居官則致卿相，此布衣之極也。久受尊名，不祥。」

於是，范蠡歸還了相印，將錢財盡分給了朋友和鄉鄰，只帶上最貴重的物品，暗自離開齊都，悄悄來到陶地。范蠡認為，陶地處天下之中，為交易的必通要道，由此可以致富，並做為後半生的保障，自此居住下來自稱陶朱公。

范蠡父子靠種地、養牲畜以及做生意又積累了數萬家財，成爲陶地的大富翁，後又分財于百姓，天下人都讚美陶朱公，拜其爲財神。

文昌帝君

文昌帝君是一般學士儒生爲求及第登科、出入仕途所拜的智慧之神，爲何也成了文財神？

封建科舉時代提倡學而優則士，有錢有勢的爲不失家風，無錢無勢的爲改變社會地位告別貧困，都想讀書做官。於是在這樣的氛圍中，文昌信仰應運而生，莘莘學子大都會去祭拜文昌帝君，並視其爲鯉躍龍門的文財神。

財帛星君

財帛星君又稱爲「增福財神」，祂的繪像經常與「福、祿、壽」三星以及喜神列在一起，合起來爲「福、祿、壽、財、喜」。

財帛星君臉白髮長，手捧一個寶盆，「招財進寶」四字便是由此而來。一般人家春節必懸掛此圖於正廳，祈求財運、福運，在台灣財帛星君的廟宇並不多見，即使有也是與其他財神一起配祀。

武財神

趙公明

趙公明又稱爲趙玄壇武財神，他頭戴戰盔右手舉鋼鞭，左手托金元寶，周圍還有奇珍異寶裝飾，並統領「招寶仙官」、「納珍仙官」、「招財仙官」、「利市仙官」四路神靈，受人香火供養。

武財神趙公明是何來歷呢？封神演義裡有這麼一段：趙公明受聞太師之邀，下山助紂王對抗姜子牙伐紂，在戰場上不意丟失縛龍的繩子和定海的珠子兩件寶貝，因無力奪回，只得拍馬落荒而歸商紂營寨。姜子牙束稻草人，把它作爲趙公明的替身，劍刺、焚符、念咒，終於使趙公明氣絕身亡。

封神時姜子牙沒有排除異己，在敕封陣亡忠魂時，封趙公明爲「金龍如意正一龍虎玄壇眞君」，統領四大仙官，成爲福建人的武財神老爺。

關聖帝君

關聖帝君自南北朝以降，一直以忠肝義膽、義薄雲天為人所崇仰，但他為何會成為武財神呢？據說，關公未從軍時曾經當過保安人員，他精於武術卻不是有勇無謀的莽夫，相傳他精於數術，對於數字非常有概念，經常都是分毫不差童叟無欺，因此，也被後人視為武財神而信奉崇拜。

另一說則是關公是山西人，山西人出外經商時，均將關公視為守護神，先是祈求出入平安，後來漸漸演變為祈求生意興隆財源滾滾。

關聖帝君的多重身分

文韜武略的關公不僅被視為武財神，還因他夜讀春秋而被奉為山西夫子，列為五文昌之一，而他年輕時賣過豆腐，所以也被豆腐業者供為祖師爺。

此外，關公因爲秉燭達旦謹守叔嫂份際，因此蠟燭業、電燈業者也視祂爲祖師爺；再者關公手持青龍偃月刀，更被屠宰業、警政機關奉爲祖師，甚至據說連一些地下錢莊也奉拜關公爲祖師爺。

至今，在台灣的宗教傳說中，關聖帝君數千年來一路升遷，目前擔任「皇天浩闕玄靈高上帝」，與其他四位玉皇上帝共同司掌人間，關公信仰之久、分佈之廣可說是歷久彌堅神人共欽。

鍾馗

另一位武財神是抓鬼天師鍾馗，據說鍾馗長相其醜無比，但卻是才高八斗又武藝超群，可說是一位文武全才的能人。唐朝時，鍾馗以舉人資格進京趕考，考試時鍾馗作了五首瀛州待宴的詩詞，被當時的主考官韓愈驚嘆爲曠世奇才，並舉薦爲第一名。但在金鑾殿接受皇帝唐德宗的面試時，皇帝一看到他長相其醜無比，心想要是給這人當了狀元，豈不是要淪爲後世笑柄？

皇帝正猶豫時，佞臣盧杞下跪啓稟說：「選才要選內外兼修，來考試的有三百多人，何必硬要選個阿醜仔？」

鍾馗一看這人也好不到哪裡去，竟敢五十步笑百步，於是齜牙裂嘴勃然大怒，情急之下抽出殿前侍衛的刀欲殺盧杞，德宗本來對他印象就不好，又看他大鬧金鑾殿欲殺命官，正好扣了一個罪名給他，命人將他拿下，鍾馗火氣正盛豈肯就範，於是大罵：「失意貓兒難學虎，敗翎鸚鵡不如雞。」罵畢，自刎於皇帝面前。

鍾馗死後，唐德宗夜不成寐，不時夢見鍾馗冤魂不散前來大罵昏君，嚇得他每晚盜汗，最後沒辦法只好將狀元官職刻於墓碑之上，又封他爲「賜福鎭宅聖君」，爲驅魔神爲人鎭宅驅鬼。

「驅魔神」變爲「武財神」又是什麼道理？最早時人們家家戶戶掛鍾馗像以驅鬼，當然也包括窮鬼在內。基本上，人們幾乎都不把病鬼、纏鬼、搗蛋鬼放在眼裡，唯獨就怕窮鬼入宅雞犬不寧，時日一久慢慢演變，便將鍾馗視爲福神了。此後在畫匠筆下又幫鍾馗添加了幾位大員：福官、富曲、含煙、神茶、鬱壘，背景上又多了五隻蝙蝠象徵五福臨門，以增加他財神的氣勢，武財神鍾馗遂盛行於民間歷久不墜。

五路財神

除了文武財神之外，台灣也盛行「五路財神」。關於「五路財神」的傳說有二：一說「五路財神」就是「五顯財神」的另稱。相傳南齊時，有柴姓五兄弟，老大名叫柴顯聰，老二名叫柴顯明，老三名叫柴顯正，老四名叫柴顯直，老五名叫柴顯德，兄弟五人皆爲獵人。他們經常捕獵猛禽走獸、採草藥爲民療傷治病，補來的野味還會分送給貧窮百姓，深受人民愛戴，人緣非常好，所以在他們逝世後，民間尊他們爲神仙，即稱「五顯財神」或「五顯王」。

另一說則謂「五路」是指東西南北中，意指出門五路皆可得財。在清朝時，人們多以此爲信仰，認爲正月初五是「路頭神」誕辰，這天爲了接財神必須早起相迎，備香燭供饌以饗路頭神，祈求未來一年大發利市、財湧三江。此外，當時還以「灶神」、「土神」、「門神」、「行神」與「路頭神」合稱「五路財神」。

在台灣這兩種傳說的五路財神較少見，反倒是多以武財神趙公明爲首，配「招寶仙官」、「納珍仙官」、「招財仙官」、「利市仙官」四路神靈，合稱爲「五路財神」的居多。

其他尚有「八路財神」、「十方財神」等等眾多名目的財神廟，究竟出自何處也無源可考，尚待對財神有興趣者加以深究。在此僅列出以上諸財神供大家參考，日後有機會到財神廟求財，起碼也知道殿上坐者何許人，免得只知求財不知其由，徒惹笑柄。

以我自己拜拜多年的經驗，我認爲拜拜是一個「交易平台」，就好像你提了一個企畫去找金主，你必須於理有據地提出你的構想以及執行的決心，提起金主的興趣之後，金主也才願意把錢拿出來跟你成爲伙伴關係。

與神交易也是如此，**神要的不是錢，祂要的是行功造德和香火鼎盛**，因此，拜拜的人就應該像提案人一樣，態度謙恭有禮，內容表述言之有物，要告訴神明你目前遇到了什麼麻煩，你希望神明怎麼幫你？幫到你的忙之後你將如何答謝祂？把神明當金主看待，把自己塑造成可堪投資的潛力股，然後再三登門拜訪幾次，如此怎麼可能不心想事成？最大的考驗就是誠心足不足、耐力夠不夠而已了。

想要向財神求財，基本上還是必須先辦完前述的「天赦」、「地赦」、「天地渡化」之後，再上財神廟求財會比較有效。

有一年，我和兩位朋友前往永和一間規模不是很大的財神廟作客，會去這家財神廟的原因並不是爲了求財，而是朋友在學星座時，認識了一位藍姓女子，該女子說她晚上都在這家財神廟幫人算塔羅牌，而且她說廟的主人是一位很年輕的通靈師父，她也跟著師父在學習打坐與修行，於是她熱心地邀請朋友到廟裡作客，朋友因此拉著我和另一位朋友一同前往。

一進廟裡，就看見案上供奉著許多金光閃閃的神像，好似富貴家族的感覺。主尊供奉的是文財神比干，其他還有三官大帝、三太子、關聖帝君等等，見爐就拜見神就跪是我們多年來養成的習慣，因此便也沒有免俗的持香參拜。過程中廟主洪老師從內堂跑出來，注視著我們三人微笑不語，直到我們參拜完畢。

邊泡茶邊閒聊時，洪老師突然開口問我們說，平常是否經常到廟裡拜神？我們只是禮貌性的回答「偶爾」，事實上，我們三人都是屬於「拜很大」的「極度迷信份子」，只是在人家廳堂上還是含蓄低調點好。接著洪老師又說，一般訪客來參拜時，他通常不會到前廳去探望，只是在我們將踏入廟門時，他在內堂突然接收到三股「純淨之氣」向他廟裡發射，於是一方面他好奇是誰帶來這三股純淨之氣，另一方面他擔心廟裡供奉的三太子，小孩子頑皮不懂事會對「貴客」有所怠忽。

我們三人被他說得有點飄飄然，心想原來平日所拜，竟然在通靈人士的感覺裡是這麼清晰，於是更進一步地向他請教爲何有這三股純淨之氣。他的解釋是說，人身上的氣場受濁氣所包覆，這種濁氣就是一般所說的「業力因果」，如果濁氣有淨化清除，人身上的氣場就能如珠玉般的發透出來，於是他問我們三人是否有做過諸如「赦因果」之類的法事。

既然已經被行家識破，再低調敷衍就顯得沒誠意了，於是便大方地跟他說我們辦了哪些赦因果的事項，說完他點頭稱是，又說，像你們這樣的能量場是財神最喜歡送財的對象，如果向財神祈求財運事業，往往無不應驗。洪老師的話我深有同感，連連點頭稱是。

那次財神廟之旅，在廟主洪老師的引導下我們向廟中的財神祈福，很妙的是在那一個月，我們三人都有喜從天降的意外之財降臨。此後我再以相似的方式至其他的財神廟參拜，所得結果也頗爲類似，更加讓我相信赦完因果業力之後，所得到的祝福與庇佑，的確可以讓人感受到明確的神蹟存在。

一般民間對財神的分類，除了文財神、武財神之外，有的人也分正財神和偏財神，或是根據自己的職業屬性去膜拜自認適合的財神。

事實上，錢乃流通之物，一張百元大鈔可能曾經落入乞丐之手，也曾經進入富豪的名牌皮夾內，因此，只要正確地膜拜財神，其實是不用拘泥於文財神、武財神、甚或是正財神與偏財神。

在我的認知裡，只要將因果業力清除乾淨，同時又不忘舉善回饋，單憑這兩點就能夠獲得財神或其他神祇的青睞。以我自己而言，專職從事寫作工作，閒暇之餘朝山禮拜做爲休閒娛樂，每至財神廟都受財神的歡迎，回來之後總有喜訊現前。按理說，以我的工作性質應該拜文昌帝君或是文財神，但是去到武財神、偏財神的廟宇，一樣受到眷顧。

所以說，只要抱持著誠心謙恭的態度，神性通人性，神也會有感而知，與你親熱交流。**最怕的就是人們自以爲是的分別心，擅自畫圈將自己與其他神靈區隔開來，如此的獨善其身，只與自己認定的神祇親暱，怎麼能達到衆神庇護的要旨？**

求財拜財神就好，為什麼還要「赦因果」？

「赦因果」是爲了使求進來的錢財不致於再耗損掉，在意義上有點類似補財庫的意思，而財庫爲何會漏？在因果律上的解釋，則爲受到冤親債主的干擾所致。因此，如果以「赦因果」的方式化解與冤親債主間的業力關係，所得到的錢財就會減少耗損、或是能完全保留。

民間有些拜拜習俗不明白這個道理，一味的求財但忽略了赦因果的重要，致使所求的錢財最後仍然無法留住，因此，在我的觀念裡，「赦因果」是求財之前該打好的基礎，其實比求財更重要。

「赦因果」一定要用燒紙錢的方式嗎？是否可用唸經迴向取代？

燒紙錢和唸經是兩種截然不同的方式，根據我的經驗，前者的效果略勝後者一籌。

赦因果燒紙錢，就好比欠人家錢，就用紙錢償還；而用唸經迴向赦因果，就好像你欠人家一筆錢，硬是拿人家不見得需要的東西去抵債，最後到底有沒有抵過也不知道，更不知道還了多少，只能漫無止境地一直唸下去，在還債的過程中算是很沒效率的。不過此法沿用多時，大家都覺得不用花太多金錢，所以也樂於繼續做下去。事實上，唸經迴向不是不好，而是必須要放在赦因果的後半段，先以紙錢赦因果，再以唸經迴向彌補償還不足的部份，兩者搭配才是完美組合。

拜哪一家財神廟最有效？

全省的財神廟非常多，大大小小林林總總加起來沒有數千家也有數百家，但要怎麼選擇與你緣分最直接、密切、拜拜效應最明顯的財神廟？這可就考倒了眾人。因爲大家都不想做徒勞無功的事，所以眾人無不希望能有最明確的指示可以一箭中的，省時不費功夫。

到底有沒有辦法可以尋找和自己「有緣」的神明呢？可以的！通常有幾種指示性的訊息可以遵循：

▼偶發一夢，財神來報

有些人在睡夢中會夢見財神，指示要去某個地方拜財神。身懷異夢醒來，一則以喜一則以憂，喜的是蒙財神垂憐，不日內或許有喜從天降；憂的是夢中翻山越嶺、古道羊腸曲境通幽，壓根不知那廟藏在何方？

遇有這種情形時，不妨稍安勿躁，通常不久後會因某種原因，引導你入清明聖地，此時眼前一切恍若相似，讓你恍然大悟原來夢中所說就是這裡。或者，也可以再誠心默禱：**感謝財神指引，但是夢境混沌未明，祈請再次明確指示**。通常經此祈請後，財神也會再度降臨夢中。

▼親友報訊，隨同前往

這是比較常見的類型，往往是親戚朋友同事中，有人去參拜某座財神廟獲得感應，於是回來口碑相傳，栩栩如生說得人心浮動，於是隨同參拜一看究竟。

▼透過通靈人士的指點

台灣通靈人士非常多，據說有十多萬人天賦異稟，有些通靈者會從你的靈源幫你找到與你緣分最直接的財神，以收事半功倍之效。但是這也需要「善緣」的指引，才能遇到有德的通靈者鼎力相助。

而在我歸納出的拜拜經驗中，以下數點可以提供一般人找到最適合自己膜拜的財神：

▼選擇香火鼎盛的財神廟

香火鼎盛的財神廟都以大廟居多，可以降低被假借神威詐財的風險，但也不代表小廟就有風險，要去較小且靈驗的財神廟，最好是透過認識的人介紹，對於廟方的行事作風有大略的瞭解，會比較沒有疑慮。

▼選擇參拜方便的財神廟

所謂「參拜方便的廟」，是以交通往返時間爲考量，假如你住在北部，而財神廟是在南部或東部，往往會因爲路程往返太遠而疏於前往參拜。要知道神之所以會有感應，那是因爲人與神間不斷的交流所培養出來的深厚感情，固定某些時間去參拜，一方面當作休閒旅遊，一方面也可以讓財神爺對你印象深刻，時機到時財神賜財當然也不會手軟，這種道理不僅可以應用在財神身上，也可以運用在其他神佛上。

▼以出生年選擇財神

以你出生年的「天干地支」方位，尋找與你有緣的財神爺。

例如民國六十四年次出生的人，其天干地支就是乙卯年；民國七十一年出生的人干支就是壬戌年。參考萬年曆查出天干地支之後，以地支的方位爲主，將你的住家做爲軸心，依此尋找財神的所在方向。

例如乙卯年的「卯」代表東方，因此在你家東方的財神爺是與你較爲有緣的；壬戌年的地支「戌」爲西北方，在你家西北方的財神廟，則是與你有緣的財神，其他地支方位如下：

地支	年次	方位
寅卯辰	三十九、四十、四十一、五十一、五十二、五十三、六十三、六十四、六十五、七十五、七十六、七十七	東方或東南方

巳午未	四十二、四十三、四十四、五十四、五十五、五十六、六十六、六十七、六十八、七十八、七十九、八十	南方或西南方
申酉戌	四十五、四十六、四十七、五十七、五十八、五十九、六十九、七十、七十一、八十一、八十二、八十三	西方或西北方
亥子丑	四十八、四十九、五十、六十、六十一、六十二、七十二、七十三、七十四、八十四、八十五、八十六	北方或東北方

同一個方向如果有兩間以上的財神廟時，則以擲筊爲準，向財神稟報是否爲與你有緣的神祇，並可助你財事兩利。如果連擲三個肯定筊，即代表該廟神

祇與你有緣。

若有緣的方向遍尋不著財神廟，則可用以下第四個方法尋找。

▼祈請玉皇大帝指引財神廟

當辦完「天赦」、「地赦」、「天地渡化」之後，可以再回到天公廟，向天公祈請指示能助你一臂之力的財神廟出現。如果天公同意，通常三天至七天之間會有不同的訊息出現在你身邊。可能是出現朋友來報某家財神爺很靈，或者在路上、車上偶然聽到陌生人說起某家財神廟的事。另外，前述的財神入夢也是很常見的事，總之你會透過各種方式、各種管道得知有人給你「報消息」的結果。

拜財神的時間和步驟

拜財神的時機除了每個人認定的時間之外，某些特定的日子去拜財神，效果會比平常日子更事倍功半。以下的時間提供有心人士做爲參考：

時間1：農曆大年初五接財神

按照過去農業社會的過年習俗，農曆大年初五是接財神的日子，家中有供奉家神的則要準備供品祈福，最常見的就是在自家門口擺上供品紙錢，迎接五路財神降臨。所謂的「五路財神」就是以武財神趙公明爲中路財神，配「東路財神進寶天尊」、「西路財神納珍天尊」、「南路財神招財使者」、「北路財神利市天官」等四位財神。

接財神的準備物品：

1、花、果、燭。

2、三杯清酒。

3、五個十元或五十元硬幣。

4、一個碗公，內裝八分滿的水，一半熱水一半自來水。

5、將五個硬幣置入碗公內，與供品放在一起，象徵五路財水。

6、準備紅棉線五條，每條約十二公分長，代表牽引財運機會。

7、四色金一份、五路財神金一份、壽生蓮花五朵、金元寶最少五十個。

接財神步驟：

1、點上三炷香後，先朝天拜請天公，稟告如下：

奉香拜請玉皇大天尊暨諸天過往神佛在上，弟子○○○在今日正月初五備辦四品禮物，恭請五路財神降臨，賜福宅第財源滾滾、事業興隆，若蒙恩賜不忘隆恩，必當行功造德以謝天恩。

2、拜完天公後，再朝天拜，這次要迎請五路財神施法助旺：

> **奉香拜請五路財神在上，今日良辰吉時弟子〇〇〇在家宅敬備四品禮物，恭請五路財神入宅納采，祈祝五路財神神威顯赫法力無邊，奉以金銀財寶，請以此無形財顯化有形財，助我家運興旺財源廣進，四時無災八節有慶，日日進財庫滿盈倉，大恩大德不敢有忘，年年此時敬備四品叩謝神恩。**

3、全部講完後將香插上，斟酒八分，靜待香燃燒剩三分之一。

4、第二次再點三炷香，說同樣的話，斟酒九分，然後靜待香燃燒剩三分之一。

5、第三次再點三炷香，說同樣的話，斟酒十分。

6、第三次香燒一半時，要開始擲筊問五路財神是否納采歡喜，得肯定筊杯之後，要再問是否可以化寶燒紙錢？若得肯定筊則開始燒紙錢，若否定筊則稍後再問。

7、全部拜好後，取出碗公內的五個硬幣，將水灑於金爐四周，灑時要邊念：**錢水圈圓圓，四季賺大錢**（念台語比較有押韻）。

8、將五個硬幣連同其他鈔票一起存進銀行，以收財利。

9、將五條紅棉線放進紅包袋內，隨身收於皮夾內或皮包內，可處處遇貴人、時時得財源。

時間2：財神聖誕求財日

財神聖誕時一定要記得前往祝壽，當天財神鎮坐廟堂，對來朝者均會賜予財福，對我們而言，則是在當日前往祝壽以沾喜氣。財氣的相對詞是窮氣，窮也是一種能量，有人說是窮鬼上身，因此，**財神壽誕那天前往祝壽，一來可以去除一身的窮氣，二來趁著財神大喜之日，趕緊求拜通常會比平常時候求拜效**

果更好。君不見舉凡黨政要員壽辰、娶親、生子都要大宴賓客，爲什麼此時會賀客盈門？主要是有事相求者，趁著當權主人家家有喜事，趕緊趨前奉承同賀，大喜之日主人家通常會因爲心情開懷，對來求者有求必應，所以說，神性通人性是也！

接財神的準備物品：

你可以選擇常去的財神廟，在該財神聖誕的當天，備齊四品禮物前往祝賀。既然入了寶山，請記得千萬不要空手而回，臨走時要記得帶回三炷香腳，是何作用容後介紹。

1、花、果、燭。

2、壽桃十二顆、壽麵六束。

3、功德單一張（香油錢隨意）。

4、廟裡的四色金三份。

5、財神金三份。

6、福金十二支。

7、壽生蓮花六朵。

8、壽生元寶三百六十顆。

9、補運錢三十支。

求財步驟：

一切就緒後開始上香，首先要先拜天公，接著再拜五路財神，之後才是其他偏殿配祀的神明。禮多人不怪，神明不會笑你話多囉唆，只怕你懶得開口禮數不週，而先後順序如下：

1、先朝天拜天公，口唸：

奉香拜請玉皇大天尊暨諸天過往神佛在上，弟子〇〇〇於今日〇〇財神聖誕千秋，備辦四品禮物至〇〇廟恭祝財神香火鼎盛千秋萬載。同時弟子已辦妥天赦、地赦、天地渡化，祈請天公作主明鑑，讓弟子能內外光明、淨無瑕穢，於此良辰吉時接引財神喜氣，祝弟子事業順利財源廣進，謹此，再三叩拜。（本段如無辦理三赦者，請自行刪去不唸）

2、拜完天公之後，再入廟向財神祝壽，態度務求謙恭，禱詞力求誠懇：

奉香拜請〇〇廟〇〇財神天尊在上，弟子〇〇〇，民國〇〇年〇〇月〇〇日吉時出生，現居〇〇〇〇〇〇〇，值此聖誕佳節普天同慶神人同賀，弟子謹備壽桃、壽麵、四品禮物，恭祝聖尊聖誕千秋神威顯赫，並於此佳節特來稟報，弟子已辦妥三赦法事，在此

祈求聖尊慈悲垂憐，賜弟子光明財路，事事好運日日進財，若得聖尊相助，弟子感銘五內不敢有忘，必當竭盡心力，以聖尊之名行功造德，彰顯神威叩答天恩。

3、感人肺腑的祝壽詞說完之後，要記得擲筊問財神今次所備的祝壽四品禮物是否高興，是否可以助你達成願望？通常大喜之日的聖筊百分之九十九都是肯定的。

4、接著可稍做休息四處張望，廟方如有準備湯圓、壽麵、油飯等食物，即使再怎麼吃不下，也一定要塡一碗到肚子裡，何解？沾喜氣嘛！

5、接下來就是重頭戲，要悄悄地拿著擲筊到財神面前，小聲地說：

財神爺在上，弟子今日備辦祝壽四品禮物，蒙財神不棄予以鑑納，弟子同時也捐助功德金○○○○元同賀財神聖誕千秋，在此祈求

財神賜予財利香腳三支迎奉家中，有如財神親臨，助我事業順遂、錢財得意，若蒙恩准，懇請連連賜予三聖杯。

三聖杯的意思是連擲三次肯定的筊，若有一次非肯定筊，則必須重新求、重新擲筊，直至三聖杯圓滿。

6、所求得的三支香腳以紅紙包裹妥當攜回家中，家中有供奉神明者，則插於神明爐內，若家中無供神座，則將三支香腳插於米杯內，置於該年的流年財位上即可。

求財要燒這麼多紙錢，是否可以用招財符代替？

所謂的求財，就是向靈界請託交換能量，神不可能憑空給你新台幣，祂只會給你賺取新台幣的機會，但前提是你必須有東西可以跟祂交換，交換的物件中以紙錢最爲安全，不需要擔心有其他額外的負擔，或是擔心願望達成之後還不了願。既然是交換，那麼招財符就不具備任何可交換的意義，符或許可以短暫發揮效力，但始終沒有紙錢的效果來得大。

家中香爐裡的香腳何時可清除？有何注意事項？

家中香爐的香腳一般都是在每年農曆十二月廿四日送神時，才一併將香腳清除。此外，每年的「天赦日」也可以清除家中香爐裡的香腳，而「天赦日」的時間，只要翻閱農民曆，上面自然有清楚的記載。

欲清除香爐中的香腳前，只要向神明或祖先稟報即可，一般清理香腳都會留下三支作爲延續之用，而不是盡數予以清除，這是清理時該注意之處。

找到本命財神爺當靠山

在靈山宗的求財拜法中，有一種稱爲「尋找本命財神」的方式。**本命財神指的是與你的內在能量體，感應最直接的神祇**，你可以把神看作是一種能量發光體，如果把人比喻爲銀河星系中的行星，受到九大行星影響，那麼個人星體就必須尋找與自己最接近、作用力最強的行星，與它們產生相契相合的能量互動，使我們自身的能量可以增強，繼而使外在的環境、人事物也產生良性的整體改變。

靈山宗的本命財神也是這個道理，在眾多的神祇能量中，找到與你自己本身財運能量最能契合的神祇，讓祂的能量持續補充你日漸虛耗的財運能量，達成人們滿足提升財運的目的。許多的法師都是以這種方法爲人們改善財運，一旦把原理說清了，就可以自行運用這種拜拜的方式祈求，所不同的是法師們具有此種能量的加持力，可以迅速地爲人們排憂解勞，而我們個人如果憑著拙者多勤的態度，固定的多做幾次，也能夠達到同樣的功效，況且還可以幫自己省下一大筆花費。

本命財神不見得一定是某某財神，祂可能是觀音菩薩也可能是金母娘娘也有可能是玄天上帝等等，**主要是看個人的能量發射波能被哪尊神祇最快接收**。靈山宗認爲，每個人最初的能量源頭，必定是從某一個能量庫裡透射出來，而所謂的能量庫指的就是某位神明。

例如有個朋友在不知道他的本源出自何處之前，他一直在拜五府千歲，直到某天有位通靈老師跟他說他的本源是出自北極玄天上帝，並且帶他去朝拜玄天上帝後，那晚他就做了一個夢，夢見五府千歲中的池府千歲出現，之後不久，池府千歲轉成玄天上帝的法相，而在那一刹那間，他自己則變成玄天上帝腳下的靈龜。他醒過來後心裡頗覺奧妙，但他認爲這也許是屬於心靈暗示的一種。

然而某天有位朋友來找他，建議他投資一項大陸的房地產，對方言之鑿鑿拍胸脯保證，投資一千萬人民幣，一年内必可連本帶利賺回兩倍的利潤！朋友一番話說得他怦然心動，當下就準備投下資金。當晚，他又做了一個夢，夢見天災地變生靈塗炭，半空中出現玄天上帝舞動神劍要將他救出災難現場。他悚然驚醒，仔細回想剛才的夢境後，隔天他就想了一個理由婉拒了朋友的投資建議。事隔半年之後，原本要投資的地區突然發生大地震，朋友的投資方案血本無歸，而他則暗自稱慶，幸好當時有玄天上帝夢中指示，經過他的深思熟慮，讓他躲過這場浩劫，而他的朋友經此一役家財散盡，臨老之際在房屋仲介公司當業務員，人生重頭來過。

靈山者的觀念認爲，人的本源都是來自神界，之所以輪迴是爲了圓滿過去的因果業力，因此以尋找本源的方式，找到自己的靈山父母，藉由祂們的幫助，讓自己在人世間的因果業力可以盡早順利化清。而所謂的「靈山父母」指的就是與你有直接關係的神祇，有的人稱祂們爲「師尊」、「靈主」、「高靈」等等，但是萬流歸宗，指的都是肩負引導我們回歸神性的神祇。

每個人的神性引導者都不盡相同，而男性和女性的引導神（本命財神）也略有區別，分述如下：

男性引導神

1、關聖帝君
2、玉皇大帝
3、孚佑帝君
4、金龍太子
5、東華帝君
6、三清道祖（道德天尊、元始天尊、靈寶天尊）
7、三山國王
8、五府千歲

9、五年千歲

女性引導神

1、南海觀世音菩薩

2、千手千眼觀世音菩薩

3、天上聖母

4、九天玄女

5、金母（王母）娘娘

6、准提佛母

7、驪山老母

8、順天聖母

9、無極老母

以上這些神祇都是較爲人耳熟能詳的，有關祂們的神蹟及淵源，在此不多贅述，僅將祂們引介出來，讓大家能夠明白每一尊神祇和個人間的緣分關係。有些人可能終其一都在拜觀世音菩薩，但卻不知道觀世音菩薩是否爲他的神性引導神，又或者只是一般的拿香拜拜，卻不知道該怎麼樣才能透過拜拜的方式，向祂祈求在事業與財運上的幫助。

「緣分」是很重要的信號源，如果說神祇是插座而我們是插頭，當插頭接上插座之後，最重要的是能不能夠過電產生電流，也就是說，如何讓神明的能力（電）直接傳達至我們身上爲我所用，靠的就是誠心、以及有方法步驟的拜拜祈求（過程）。

之前曾經提過一位朋友，因爲在工作上無辜被牽扯進司法案件，此後的幾年運勢潦倒四處碰壁，後來經人介紹到北投某山上的道場當義工。他覺得他會惹來無妄之災，皆是起因於過去所造諸惡業，於是，他抱著懺悔心每週上山當義工，如此過了兩年，生活上並無太大的改變，然而，愧對家人、父母的心卻與日俱增。

某天，我們在路上不期而遇，聊起彼此的近況讓人不禁欷吁感嘆，宗教在某些時候的確可以撫慰人心，但在更多的時候，身為世人的我們仍然懷抱著未竟的志業而活著，很多人誤解宗教的作用僅止於教化人心，其實宗教更深一層的作用是滌濾過去的因果關係，使此生的實質生活不受業力的影響。

很多宗教講身、心、靈，卻往往忽略了（身）的需求，在佛教經典上不也說「先以法味飽足其身」？意思是說先透過佛法的力量，滿足每一個人的需求，再以佛法的智慧讓每一個人透徹世事無常，如此「身心安頓」之後，才能將「靈性」淨化提升。

我將這一番話詳細的告訴朋友，建議他一方面繼續從事他的義工工作，另一方面則隨我從「三赦」的拜拜做起，接著找到自己的神性引導神，或許也是一條不錯的蹊徑。

朋友半信半疑地隨我拜拜了近一年，將近半年時，纏訟多年的官司改爲易科罰金，不用坐牢服刑，接著出境限制令也隨之解除。後來，他進入一家小公司從事業務工作，在他的才華表現下，他賺到了他的財富，也讓這家瀕臨倒閉的小公司起死回生，回首這一年來的際遇，他幾乎不敢置信改變竟是這麼神奇！他說，他在做業務時原本非常擔心客户會對他的專業排斥，豈知跟客户交流之後，客户不僅對他印象奇佳，還拍胸脯說要全力支持，於是他向老闆建議成立網購部門，一戰告捷，成了老闆不可或缺的左右手。

僅僅是一年的時間，他憑著他的毅力和恆心跨越了他的人生障礙，對於他的引導神他也充滿信心與感激。他常對著引導神說，感謝祂爲他排憂解困，使得他重新擁有一個珍貴的人生，因此，他在引導神面前承諾，他將「行功造德，以叩神恩」。飲水思源的人總會在最危急的關鍵，出現最攝人的祝福，驚嘆奇蹟的人並非僅止於他，宇宙造物主給予每一個人公平的對待，只是看你願不願意坐而言、起而行。

怎樣求，更有效？加強本命財神的加持力

在這麼多神祇中，究竟哪一位才是你的本命財神或是引導神？找到祂之後又該如何請求祂的能量加持？會不會很困難？會不會很複雜？會不會很麻煩？

很多人在未眞正行動之前，內心總是充滿疑慮和天人交戰，最後變成躊躇滿志卻窒礙難行。以我自己爲例，當初我在接我自己的引導神時，我是抱著休閒旅遊的心態前往，當時我不具陰陽眼無法看見靈異的第三世界，然而我相信宇宙間有一種可以左右我的力量，要導正這股力量使之對我有所幫助，我知道單是依靠人力是很難達成功效的，必須還要有神力的幫助，兩者結合才能使這股左右我的力量爲我所用。

正因爲是這麼深信力量的存在，即使感受不到祂、見不到祂的存在，我仍然樂意以休閒旅遊的愉快心情去接近祂。當人們的意識波處於平穩自然的狀態時，所能感受到的大自然神奇力量是最大的，而抱著好奇、一窺究竟、目的性

前往，往往會因爲自在的心靈被欲望所蒙蔽，以致於對神祇能量的感受變得狹隘而侷限，這就是拜拜求神最大的祕訣所在。

當我可以重新我的人生、繼續我的事業工作時，許多朋友問我是如何辦到的？我如實地據上以告，只是看你能否把自我桎梏的枷鎖拋開，全心地、愉悅地接受宇宙能量的洗禮而已，能量是透明與全然開放供人採擷的，除非你禁錮你自己的心靈。

如何找到自己的引導神

透過有經驗的靈山通靈師兄姐

在尋找自己的引導神之前，首先要做的是先把前面的「三赦」老實的做完。一般來說，「三赦」最好是一年做一次，讓自己的因果業力逐次降低，內外光明透徹後，引導神才能夠很自然的與你交締。

如果是透過某些靈山宗的師兄師姐們，他們具備長期的經驗或通靈能力，可以輕而易舉地看見你身上的引導神是哪一位。但前提是他們必須是你能夠信任的，因爲靈山宗尚不具任何教派規範，難免也會有良莠不齊、魚目混珠的情況叫人無奈。

擲筊確認

另一種尋找本命引導神的方式則是靈山祈求法，也就是以自己的覺知能力找到引導神。

一般男性會找男神，女性會找女神，在眾多神明中逐一的去廟裡祈求。例如前面單元中的朋友案例，他的引導神就是孚祐帝君呂洞賓，當時即是帶著他去找一般的男神廟宇，例如關聖帝君、玉皇大帝、五年千歲等等，每到一座廟宇即用擲筊的方式，請示該廟主殿神祇，是否願意成爲他的引導神。一連走了幾座廟宇，這位朋友始終都沒有得到同意，正當他有點氣餒時，某天他的姊姊請他陪同去木柵的仙公廟，於是他順便請示了呂仙祖是否可以成爲他的引導神？沒想到連擲三個肯定的筊（聖杯），讓他雀躍不已，接著開始準備接引拜拜儀式，此後，這位朋友便在呂仙祖的眷顧下一路步上青雲。

確認本命引導神的步驟

有心尋找引導神的人，不妨可以去一些香火鼎盛的大廟擲筊，擲筊時可以按下面的程序進行：

1、上香拜拜：按照一般的習俗拜拜即可。

2、拜好後再取十二炷香，對著主殿的神明祝禱請示：

奉香拜請玉皇大天尊在上，弟子〇〇〇民國〇〇年〇〇月〇〇日吉時出生，現居〇〇〇〇〇〇〇，今以十二炷香上達天聽，請示是否為弟子的引導神，若是弟子本命靈源引導神，請連賜弟子三聖筊。

3、假如有連續三聖筊，就必須開始安排接引導神的拜拜儀式，如果該尊神明沒有給予三聖筊，則代表你的引導神不是祂、或是你的引導神是其他廟宇的神尊。

爲什麼需要連續三聖筊來確定是否爲你的引導神？一般人都會認爲神是法力無邊的，但就算神明再怎麼法力無邊，在神界也有祂必須遵守的規範。例如祂不是你的引導神，祂就不能佯裝是你的引導神，這是神界天律裡的「誠實法則」，如果祂爲了想多一位信徒而說謊，祂的神格就會被天律所貶降。因此，任何一間香火鼎盛的大廟大神，祂們之所以可以成爲萬民的信仰，主要原因就是祂們慈悲爲懷剛正不阿，如果祂確實是你的引導神，自然就會出現連續三聖筊的情形。

有一位朋友在遍尋諸多神明之後，好不容易終於遇到祂的引導神，可謂尋得千辛萬苦，當這位朋友找到時，他跟他的引導神說，如果祂眞的是他的引導神，那麼就請賜與連續十二聖筊，結果「扣！扣！扣！」果眞連續十二個，當下他心情激動，當場立刻下跪淚流滿面，好像遇見失散多年的父母一樣。

而在眾多尋找引導神的例子中，我見過最「出神入化」的，就是曾經有人擲出「立筊」。所謂「立筊」，就是筊杯的其中一個或兩個，尖角部分牢牢地立在地面上。當事人是一位中年女性朋友，她到花蓮的金母娘娘那裡尋引導神，結果兩個筊杯直挺挺的立在地面上，引來其他香客的爭睹並且連聲嘖嘖稱奇。此時，眾人中突然出現一位陌生的老婦人，這位老婦人突然「母娘附身」涕淚縱橫地叫喚當事人的名字，接著像個慈母般的牽起她的手，邊有韻律地唱著聽不懂的曲調，邊繞著場地轉圈圈。我這位朋友也莫明所以的一陣辛酸，悲從中來地哽咽痛哭……天下之大莫不神奇。

所謂的「引導神」，有人稱爲「高靈」也有人稱爲「師尊」，究竟個人與引導神之間存在著什麼關係？大概只有自己與引導神才清楚。以我的經驗來說，引導神與個人間的關係大致可分爲以下幾種：某一世輪迴中的師徒關係、某一世輪迴中的親人關係、某一世中的自我修爲。但在一開始的時候，當事人並無法很清楚地知道詳細的關係內容，只有透過時間的累積，與你的引導神日積月累地培養出深厚的關係，對於你們間的關係才會越來越心有所感。

燒紙錢時為什麼要擲筊問可不可以燒？

如何與引導神締結關係

經過連續三個聖杯，找到自己的引導神之後，緊接著要馬上準備與引導神相契應的儀式。

儀式很簡單，只要備妥以下物品，連續做三次以上，每次至少隔一週以上，在一年內必須全部做完，此後經常性地不定期前往參拜，就可增加彼此的感應能力。

準備物品：

每一次接引導神都必須準備以下的四品禮物，第四次以後就不需要，只要按一般的拜拜習俗前往參拜即可。

1、花、果、燭。

2、廟裡的四色金三份。

3、香三十六支（可自備或使用廟裡的結緣香）。

4、功德單一張（功德金隨意）。

接引本命引導神的步驟：

1、點上三十六炷香之後，先朝廟外的藍天奉請神佛蒞臨：

奉香拜請玉皇大天尊暨諸天過往神佛在上，弟子〇〇〇民國〇〇年〇〇月〇〇日吉時出生，現居〇〇〇〇〇〇〇，日前已經辦妥三赦，並在〇〇神的連續三聖筊指示下，成為弟子今生的本命靈源引導神。今日敬備花果燭，以三十六炷清香前來接駕，奉請玉皇大天尊暨諸天過往神佛明察證納，爾今且後在引導神明確指引下，以仁愛為本厚德為功，助我本命清靈今世諸事順遂，弟子必當竭誠盡力與引導神尊普世濟施、利己達人、共赴聖明。

2、稟完玉皇大天尊之後，隨即再以三十六炷香奉拜你的引導神，禱詞與上段類似，只是部分內容稍做修飾而已，本段禱詞以關聖帝君爲例：

奉香拜請〇〇宮（廟）關聖帝君在上，弟子〇〇〇民國〇〇年〇〇月〇〇日吉時出生，現居〇〇〇〇〇〇〇〇〇，今已經辦妥三赦，今日以三十六炷天香恭請聖尊接引弟子今生的本命靈源，弟子過去世不知、今世不知、肉體不知所犯諸錯誤，在此祈求聖尊本於仁德聖懷，為弟子開恩赦罪，懇請賜予弟子重新之機，未來在師尊（即引導神）帶領之下，讓弟子能夠家宅平安、事業順利、財源廣進、貴人扶持、小人遠離，行有餘力必當以師尊之名行功造德，復古收元、濟世利生答謝聖恩。

3、稟完後將三十六炷天香插於香爐上，接著跪於神尊之前約二十分鐘，全心放輕鬆，雙手自然垂下，觀想引導神像的眉心透射出一道白氣，自你的眉心穿入體內。此時，這道白氣週流全身，爲你打通全身經脈穴位，此時你的身體充滿能量而感到全身溫暖，並且感受到體內的濁氣、黑氣從全身的毛細孔散發出來。這時你可能會不自覺地流眼淚、打哈欠、打嗝或是輕微有股想哭的感覺，這都是濁氣排出體外的自然現象，不要大驚小怪以爲自己得到大神通，這樣反而會發生所謂的「走火入魔」現象。其實哪來的魔？都是自己的心所幻化的想像力，把一切的異常現象視爲平常，如實地拜拜，就能平復自己的身心，並愉悅地與引導神的神聖能量相結合。

4、在神尊前跪二十分鐘，如果跪出興趣來，跪得越久越好，否則最少需二十分鐘。起身後你會覺得身心內外舒暢，那就表示引導神的能量已經進入你的身體能量場，此後，在冥冥中祂會開始幫你安排人生中的重要事項，但這時也別忘了行三跪九叩大禮，表示對引導神的尊敬與感謝。

三跪九叩是指雙手合十、下跪、磕三次頭再起身，總共重複做三次。

5、接引導神的儀式做完後，必須接著按照廟裡的規矩，逐一再向廟裡的神佛稟報此事以示尊重。別以爲你接到了引導神有了靠山，其他神就與你沒關係，這是很要不得的心態！按照我的經驗，有些此時你認爲不重要的神明，在機緣成熟的猴年馬月，祂們也會在你需要時跳出來挺身相助，所以，平時多多打好關係，必要時就會多很多神尊相挺，而關鍵就在於謙恭、禮敬。

6、以上全部儀式做好後，即可燒紙錢、功德單，再向引導神及眾神答謝後即可離廟，等待第二次、第三次接駕。

由於每個人的緣分深淺不同、感受力互異，有些人在第一次接引導神時，就能明確而清晰地感受到引導神能量的震撼，有的在第二次或第三次時才會有一些實質的體會，甚至有些人完全沒感覺，自怨自艾地以爲他的引導神不甩他。其實，神性是慈悲的，所以才說「有求必應」，你沒有感覺並不代表祂不存在，只能解釋爲自己的能量敏感力較弱。宇宙間的能量恆運自如，從不會因人們的信與不信而消失或暫停，只有你自己接不接受、願不願意擷取它而已。

我那長得人高馬大說話如雷貫耳，人稱「大笨花」的大表姊就是一例。當年她爲了老公東山再起，發願每天早晚各唸一次地藏王本願經，經過數年始終不輟，但是幾年來老公的事業依然不見起色，粗枝大葉的她開始小鼻子小眼睛的懷疑，是不是地藏王不理她，又想唸了這麼多年丈夫也沒見發財，後來索性不念了。

後來她又興致勃勃地說要接引導神，妙的是，走遍千山萬水沒一個神要當她的引導神！後來萬般無奈下接受我的建議，姑且去問她覺得「不鳥她」的地藏王，結果赫然出現三個聖筊。表姊當場笑出聲來，她覺得地藏經都唸了那麼多年，地藏王理都沒理過一次，現在卻突然現了三個聖筊，這不是尋她開心嗎？大老粗的她也動氣了，對著地藏王說：「我唸了祢的經那麼多年，如果祢眞的有靈，那就連續給我六個聖筊證明祢是存在的吧！」

當時就杵在她身旁的我覺得她說話怎可如此放肆，但她話已出口我來不及阻止，說時遲那時快，「扣！扣！扣！扣！扣！扣！」竟然連續六聖筊，這下換表姊當場傻眼無語，不知如何是好。此時，我福至心靈脫口對她說：「妳去抽支籤，地藏王有話要說。」

表姊半信半疑地擲筊抽了一支籤，籤詩上寫著：「雀舌鼠牙休張狂，平心靜氣待運來，憐汝紅花半閉合，伴卿多時歲月知。」

瞧！這詩寫得多隆重嚴肅，又是警告又是憐惜，最妙的是詩意說：「我在妳身邊很久了，一直默默守護你，可惜妳的智慧如花半開（指頭腦沒全開竅），都不知道我的存在。」表姊見此心中一陣激動，當場下跪痛哭流涕賠不是。

從此，表姊的外號便叫做「大紅花」了。

如果我每天唸財神經、接受財神灌頂，是否就可以取代求財燒紙錢？

基本上這是兩種不同的方式，至少我看過有人燒紙錢求財而翻身，卻尚未看到有人因財神灌頂或唸財神經而蒙利。我始終相信一分耕耘一分收穫，天底下絕對沒有白吃的午餐，如果只是唸一唸經咒或被摸摸頭就能求得錢財，中文字中的「努力」、「勤奮」就應該永久消失才是。成功只給予有心或努力的人，求財也是相同的道理，抱著僥倖投機的心態鮮少看到有人能夠實現願望，凡事還是必須一步一腳印的實事求是，否則別說是求財，做其他事的成功機率也是有限。

第四章

引財入庫四步驟，這樣拜才有錢

- 補庫——修補財庫，財富不再漏光光
- 進庫——將無形能量化為有形財富，引財入庫
- 開庫——開庫門，活用財庫
- 祈請土地公運財入庫

接「引導神」的意義，在於透過「引導神」的神性，淨化人性的貪嗔痴慢疑，進而使人性獲得提升，甚而使人性進階神性，引導神功德圓滿，也可藉輔導有功而獲得神性提昇。引導神如果對你扶持有加居功厥偉，你與引導神就可以皆大歡喜地從神性進入佛性的清明領域。不過這是屬於修行者進階課程，不屬於本書討論的範圍，本書要說的是現世的物質滿足，先滿足身心的欲望，再求靈性的法味充滿。

引導神可以滿足眾生的需求，但前提是有求者必須提出申請，透過前章所說的接引導神的方式，藉由引導神的能量，來輔助人性能量所不足的部分，使我們能在世間的物質界中各求所願。如果不去申請（接引導神），那麼就是依循著業力的命運軌跡運轉，一切甘苦自嚐。

改變命運的方法有很多種，有人祈禱、有人作法，有人擺局、有人佈陣，而本書要說的是輕鬆的、愉悅的、簡單的方式，不需要繁複的手續，不需要有風險性的法術操作，全然在於你的心——堅決想改變現狀的心，就能獲得意想不到的效果。

從前面的三赦（天赦、地赦、天地渡化）到接引導神，說的全是開運、轉運前的事前準備，一切準備做足後，即可邁入本章的核心——「這樣拜才有錢」的重要關鍵，天下無不勞而獲的事情，安頓好自己的身心，找到與自己最有緣的神靈後，才能萬事具備地進入脫離貧窮、重啓人生的門檻。

補庫——修補財庫，財富不再漏光光

某年春天和幾位同修到宜蘭的一家三太子廟拜拜，廟裡正好有乩身在辦事，輪到一位中年太太時，慧黠的三太子乩身帶著開玩笑的口氣說：「吼！妳又來了，我頭很痛！」然後就裝著要躲起來的樣子，引來旁觀者一陣訕笑。

中年婦人似乎和三太子很熟，也不會覺得羞赧，逕自說道：「太子啊，我們家每年也捐不少錢在廟裡，祢說要讓我們賺錢，但是也沒看到錢，這到底要怎麼辦？」

三太子很無奈地嘖了一聲，故作小聲地說：「我有給妳賺啊！妳看妳家今年沒有五百也有一千啊！是不是？」三太子得意地竊笑，這時中年婦人卻拉大嗓門說：「在哪裡？我現在是說新台幣，不是韓幣ㄟ。」三太子皺下眉頭，不該示弱地說：「花掉了啊，跟妳說妳家財庫破一個大洞，妳就不相信！」神與人就這樣你一言我一語的雞同鴨講。

很多人拜拜時說的都是求財，請神明幫忙讓錢財湧進家門，但是卻很少有人拜託神明看看自家的無形財庫有沒有破漏。**財庫就好像存穀的倉庫，倉庫如果破洞就會有老鼠進來偷吃米，風雨交加時雨水就會把穀子濡濕，使得穀子泡爛不堪使用。人的財庫也是如此，如果破漏就像無底洞一樣，不管你賺多少錢進來，就是看不到錢，明明有賺錢進來，但錢進來之後卻頻頻遭受意外，不得不把這筆錢花出去，有時甚至還要倒貼。**

當我還是拜拜的門外漢時，有次請一位師姐到家裡坐坐，順便幫我看一下家裡的能量磁場，師姐看了看之後說，家裡的磁場大致不錯，是間可以賺錢的房子，但是走到我供奉神明的地方時，她卻突然說：「你的財庫破了一個大洞，你是不是寅吃卯量入不敷出？」當時我還算是個小有名氣的命理師，要承認入不敷出實在是失面子，但爲了解決被她不幸言中的事情，只好硬著頭皮點頭承認。那幾年我從我的命盤上得知運勢不是很順遂，但命理師只能根據學理推測命運走勢，卻很難找到破解的方法，於是我不恥下問地請師姐善門大開，務必要救救小命一條。

師姐說我家的財庫是被因果業力鑿破的，但這因果業力並非與生俱來，而是外力入侵所致，這正好與我自己推論出來的流年運勢有不謀而合之處。因爲那幾年的命盤中，不斷受到「解神」與「陰煞」的干擾，而當時的我並不明白這兩顆星是如何闖進來干擾我的財庫的，即使當時師姐說我的財庫漏洞是外力影響所致，我也沒能即時聯想命理與靈學的關聯處。

後來師姐突然靈機一動地問我，幫人看陽宅風水或算命時，是否有幫人做一些法術類的事情？我回答他除了幫人改名之外，也幫人做房子的財運法，或幫幫客人祭改元神、赦因果之類事情。師姐點頭說道：「那就對了，你幫人家做完這些事之後，因爲沒把別人的業力送清，因此客人好了，但是他們的業力卻留在這裡等你渡化，久而久之負面能量越積越多，自己的能量受到干擾相形變弱，就使財運無法施展開來。」

聽完師姐的話，我心中盤算一下當年開始幫客人做法事類的服務至今，正好是師姐說的時間點，想到兩者間的巧妙關聯，不禁感嘆世間造物的神奇，後來便依了師姐的話，逐漸將財庫漏洞補全，使它不再繼續漏財。

很多人都會說：「賺錢是徒弟，存錢才是師傅。」年紀越大就越覺得這句話簡直就是金科玉律。任憑再聰明的人也會有陰溝翻船的時候，如果說學歷、家世背景、社會地位可以讓人萬年不敗，那麼何來地產大亨流落街頭當遊民？何來金融大亨投海自盡？何來政治頭目鋃鐺入獄？這些大人物的反面教材，就是要讓我們市井小民知道「世事無常，平安最好」的道理。升斗小民只求安居樂業，在無權無勢、力有未逮時不我予時，不妨試試拜拜的效力，求財時先把財庫補好，免得求進來的財左手進右手出。

為什麼財庫會破洞

以我本人的例子來說，我的財庫會破的原因，除了個人的外力因素外，還有另外兩個原因：

家族業力的影響

家族業力的敗壞，會造成子孫進財不易，財進易漏。中國人過去都有族譜記載列祖列宗的豐功偉業，讓我們後世子孫有機會一窺祖先當年的風華或「匪類」。但近代以來，族譜或宗譜盛行不再，相對地，對於家族業力的眞正原因也很難一探究竟，只能依靠通靈者先找出原因，再一一印證予以處理。

個人因果業力的干擾

另一種破財原因，是屬於個人因果業力的干擾。例如前述對三太子「嗆聲」的那位中年太太即是，大部分都是累世因果所帶來的危機和阻礙。

在第二章時，我們介紹了辦理「三赦」的原因與方法，第三章則介紹接引導神的理由和方法，都些都是爲了要先清除求財的障礙，接著才能順利地進階到「補財庫」。這道理其實很簡單，若你欠債未清，賺錢還債都來不及了，哪有餘錢可以存下來？

因此，補財庫必須在三次接引導神之後，接著再去請引導神幫你補庫，沒有做完前面所說的步驟就想要直接補財庫，通常引導神是不可能答應的，即使勉爲其難地答應，所得到的效果也是非常有限。

另外一點，在我所寫的每一本拜拜書中，通常都會強調**求神拜拜是一種「交易」的行爲，人愛錢，神則愛功德，幫神多做一些功德，神性獲得提昇，祂就能回饋給你更多的財運**。幫神做功德並不一定要花很多錢，如果經濟能力夠，可以捐香油錢贊助廟方營運，也可以捐款助貧扶弱；如果經濟能力不是很足夠，那麼也可以身體力行，到廟裡、孤兒院、養老院當義工等等都是辦法。總之，有錢出錢有力出力，一點一滴地做出功德，並將此迴向給自己的引導神，引導神用你的功德提升祂的神性，並據此上報宇宙造物主，說你身體力行、功在人間，那麼宇宙的能量便可隨即發射錢財波進入你的肉體磁場。

爲何宇宙能量能快速被你接收？那是因爲你已經淨化過你的磁場，也就是「三赦」與「接引導神」的良性反應，這就是「迴向」，佛家解釋爲「功德」，而我卻寧願相信那是一種有來有往的能量相應，從沒人會限制你只能賺多少錢，只有你自己的左腳會絆住你的右腳。

補財庫一樣要仰賴你的引導神，引導神就像你的父母、師長、監護人、保母等等，在你願意與祂互動配合的前提下，祂也願意毫不保留地爲你恪盡心力，幫助你在此生的人間磁場中改過自新、迎富棄貧。

何時是補財庫的好時機

麒麟日

一般補財庫都是選擇「麒麟日」到引導神的所在廟宇，請求引導神辦理。一年之中有很多的「麒麟日」，讀者們可以在當年的農民曆中找到有「麒麟日」的日子，每逢「麒麟日」就可以請引導神幫忙修補財庫漏洞。

什麼是「麒麟日」

什麼是「麒麟日」？古代是以干支記日，例如甲子日、乙丑日等等。甲和乙是天干，子和丑是地支，如果地支的五行可以生天干的五行，那天就被稱爲「麒麟日」。就陰陽五行學來說，代表天地互通的意思，古代的民俗學家就將天地相通的日子稱爲「麒麟日」，意指那天天地合通、百無禁忌。

選定「麒麟日」後，必須在「麒麟日」之前，前往引導神所在廟宇請示，是否可以幫你補財庫。

請示的方法仍是以擲筊一次爲依據，獲得肯定的筊就可以著手準備要拜拜的四品禮物；如果是否定的，就再接再厲下次再問，反正一年中有很多麒麟日，不用灰心。

補財庫需準備的物品

1、花、果、燭。

2、廟內四色金十二份。

3、防風小蠟燭十二支（拜時圍成圓圈）。

4、古銅錢五個。

5、刈金、福金各三十支（中南部沒有福金和刈金，可用四方金、九金仔、料仔金代替）。

6、壽生蓮花三十六朵。

7、壽生錢三十支。

8、黃、白錢各十支。

9、巾衣十支。

10、甲馬十支。

11、稟文一份（A4紅紙）以黑筆書寫如下：

奉香拜請關聖帝君（寫上你的引導神聖號）在上，弟子○○○民國○○年○○月○○日吉時生，現居○○○○○○○○，今日敬備：（一一寫下所有紙錢名稱和數量），祈請引導師尊為弟子辦理補庫事宜，使弟子財庫有守、財不外漏。

12、功德單一張（功德金隨意）。

補財庫的拜拜步驟

補財庫的拜法順序和前面所說的「三赦」、「接引導神」等順序都是一樣的，在此不再贅述。但是，當最後透過擲筊確認可以燒紙錢時，要記得把置於神桌上的五個古銅錢，在引導神的香爐上依順時鐘、逆時鐘繞三圈，象徵引導神幫你守護五方財庫。

蓮花為何要蓋上手印或印章？

進庫——將無形能量化為有形財富，引財入庫

財庫修補好後，就可以開始準備請引導神幫你進庫了。

什麼是進庫？簡單來說，就是往你的倉庫放貨物進去。可以幫你進庫的神祇不是只有引導神而已，有些你不瞭解卻與你有很深緣份的神祇，緣份到時，祂也會自動幫你把貨物（財）送進你的倉庫。因此，前文中不斷強調拜拜不能有分別心，以爲只要拜自己的引導神就好，其他神祇就當作路過、經過、沒見過，這是很不恰當的心態，說不定你就因此錯過了很多被賜財的機會。因此，對於案上的神明，不管認識與否、有「利用價值」與否，都要抱著崇敬謙卑的態度膜拜頂禮，才能蒙十方諸神庇佑。

我有一位以「現實」出名的朋友，就曾經鬧過這樣的笑話，話說有一回一群人到宜蘭去請中壇元帥進庫，大家在進香參拜時是按照廟裡的規

矩，從一樓的中壇元帥拜到二樓的天官大帝，此時，「現實」朋友偷偷對我說，樓上的天官大帝和他沒來往，他不想上去拜，而且他身材胖爬起樓梯氣喘吁吁，極可能有休克的危險，我聽了他的話只是微微一笑，反正個人造業個人擔，我還是尊重他的個人選擇。

哪知到了二樓，同行的師姐感應到天官大帝看到我們來參拜非常欣喜，當下說也要幫大家進庫，有錢收大家當然很高興，基於有福同享，我立刻打手機叫那位「現實」朋友趕快上樓，天官大帝要幫忙進庫啦！收到電話後，現實的朋友說了聲「馬上到」後便三步併作兩步地奔上樓，一度我還擔心他會心臟休克，沒想到他臉泛紅光興奮異常。

接著，帶隊的師姐開始稟報每個人的名字，但是稟到現實朋友的名字時，師姐卻停頓了一下，然後又把朋友請到前面，要朋友擲筊請示是不是他不能進庫，結果筊杯連連出示YES的聖筊。師姐自己也搞不懂爲何天官不幫朋友進庫，而我和朋友兩人四目相望心知肚明，我眼裡佈滿「活該」的驚嘆號，他則充滿諸多無奈的三條線。後來師姐知道後哈哈大笑，指著他說：「難怪大家都說你現實，原來是這樣。」後來在師姐的引導下，再次向天官道歉求赦後，才皆大歡喜滿載而歸。

後來我也常帶著朋友們去廟裡求進庫，也曾經發生類似的情形。某天，同行中有一位朋友叫小段，她的引導神是天上聖母媽祖，但當我們去埔里的地母廟請地母進庫時，地母當場欣喜地表示要幫小段進庫，後來再次求證才知道，小段已經過世多年的祖母，生前屢次到地母廟參拜，基於這樣的緣份，地母說祂很樂意幫小段進庫。

人家常說莫以善小而不爲，有時候不經意的一個小小舉動，往往換來的是意想不到的回饋。所以說，神尊肯定是慈悲的，關鍵在於人們是否常常心存善念！

我自己也有過相同的經驗，我的引導神是關聖帝君，某次我跟一位師姐到嘉義半天岩的准提佛母廟拜拜，三十多年前，嘉義半天岩是家父從事警職的管區所在，當我跟在師姐後面舉香參拜時，師姐突然轉過身說：「佛母怎麼說要幫你進庫？」後來她又轉過身問佛母原因，一下子又轉過頭對我說：「祂說你爸爸以前對這個地方有貢獻，所以要幫你進庫。」當時一聽，心中感動莫名，一陣心酸當場幾乎慟哭，一方面感謝佛母慈悲，一方面感謝老爸當年辛苦地爲我植下福田。

以拜拜向神尊求財求運，雖然都是同樣拿著香，但其中的奧妙和內涵是完全不同的。本書的重點在於要讓大家明白，用書中所寫的方式拜拜，主要的精神在於過程的完備，才能眞正達到祈求的目的；平常去廟裡拿香拜神，那是祈福和問安，有時覺得有效有時覺得沒效，那是因爲前面的「三赦」和「接引導神」的步驟沒有做好的原因。

世間的神佛數以萬計，東拜西拜把心都拜亂了，在密宗的修法中，有一種修法叫做「本尊相應法」，就是說密宗修行者透過上師的傳承後，找到自己的師尊，終其一生只修該師尊的法門，此後因機緣關係再選修其他神佛的法門。也就是說，拜神或拜佛內心都要有一個核心點，那是引導神的位置，藉由引導神的引導，再去請求其他神尊庇佑。

尋求引導神的過程，有點像古時候的「拜帖」，一個籍籍無名的窮書生，要去投靠某宰相門下，去之前要先遞上「拜帖」，帖中要寫明師承何處、何人，宰相一看他的師父赫赫有名，心想強將手下無弱兵，自然對他禮遇三分。在中國人來說，叫做「不看僧面看佛面」，在洋人來說，這叫做「推薦信」，因此，有引導神和沒有引導神的差別從中可見一斑。

從以上的道理引申到進庫，就會發展成：**除了引導神自己可以幫你進庫之外，其他因機緣而遇到的神祇，只要祂喜歡你**（也許是跟你的引導神有交情），**祂也可以把祂的財富賜給你，這就是拜拜求財的重點！**這一點相當重要，請務必想通這層道理，以後求財便能無往不利了。

不過，我們怎知哪位神尊喜歡我？要賜財給我？由於這方法是從靈山宗傳承下來的，因此都會透過通靈者與神尊溝通後，才能得知是否幫我們進庫。如果你身邊沒有這樣的通靈者可以相告，在安全的前提下，建議讀者們先參照本書，先擲筊確認引導神、接引引導神之後，再請求引導神幫你進庫。由於你和引導神之間已經締結深厚的感情，當你提出此要求時，引導神一定會審時度勢，再決定是否要幫你進庫，而其他的神祇的進庫，便只需等待引導神的引導就行了。

當你補庫完畢大約一個月之後，就可以以擲筊的方式向引導神請示能否為你進庫。以我而言，我請示了近一年引導神才同意。每個人的因緣不同、業力不同，據說我是同期中最晚得到神尊應允的，但我以「笨雞遲啼」的想法自我勉勵，強摘的果子不甜，低頭耕耘、踏實地去做，引導神總是會站在我們這一邊的。

進庫是很重要的關鍵，在請示引導神是否可以進庫的同時，必須將以下的紙錢數量向祂稟報，不足的要增加，過多的要減少，稟報過後完全毫無疑義，再回家準備紙錢，等待「鳳凰日」時前往進庫。

何時是進庫的好時機

鳳凰日

「鳳凰日」和「麒麟日」一樣，都是在農民曆中可以查得，它是以當日的天干地支而制訂，在宗教中認爲這一天鳳凰啣財人間，因此以那天作爲進庫日。

而二〇一一年的鳳凰日（國曆）有：二月七日、三月七日、四月四日、五月二日、六月五日、七月三十一日、八月二十七日、十月二十二日、十一月二十一日十二月十九日。

進庫需準備的物品

1、四色金十二份。

2、福金六十支。

3、卦金三十支。

4、黃錢十支。

5、白錢十支。

6、甲馬二十支。

7、巾衣二十支。

8、補運錢十支。

9、壽生錢十支。

10、天庫錢一件。

11、水庫錢一件。

12、地庫錢一件。

13、壽生蓮花一百零八朵。

以上共十三種紙錢的數量需先向引導神稟報，獲得應允之後，再回家著手準備。這些紙錢數量乍看之下非常多，但是進庫就是要這麼多，若以另一個角度思考，錢是沒人在嫌多的，如果是環境或預算有困難，也可以分三次或四次，分次在「鳳凰日」時進庫，只要將以上紙錢數量均分，而你的引導神同意即可，只是每一次都得備足花果燭才行。以我個人而言，一年中的幾個鳳凰日，我總是會挑其中兩個鳳凰日請引導神進庫，庇佑一年中財源順利。

進庫的拜拜步驟

1、備妥花、果、燭以及上述進庫紙錢。

2、功德單（功德金隨意）。

切記！功德單的空白處要用紅筆寫上：**以此功德迴向本日進庫順利圓**

滿，感謝衆神庇佑。

3、進庫時不需要稟文，只需要口頭祝禱即可。

祝禱一樣須先朝外向玉皇大天尊稟明，其次向引導師尊稟，接著再向廟裡每位配祀神明稟報，最後擲筊、燒紙錢。拜拜的程序都是一樣的，心態也是相同，只是反覆的操作而已。

進庫就像引導神把錢財補進你的財庫內，這是屬於神界的財，但所補進去的財仍是屬於天界的，就像外匯要轉換成台幣，需要一個匯兌交換所一樣，**因此進庫後，就要進入下一個程序「開庫」，把天幣轉換成台幣，才能在適當的時機轉換成我們可運用的貨幣。**

開庫——開庫門，活用財庫

大家都說世道難，賺錢更難，但是再難的錢也有人賺。在拜神求財三部曲中，進入到開庫這一關時，猶如一路披荊斬棘，現在只待開花結果。

何時去開庫

在進庫完後的一個月，即可到天公廟請玉皇大帝下的三官大帝開庫。爲何最少要經過一個月？有人打趣地說，因爲開庫就好像拿著支票去銀行軋票一樣，銀行員收到票後，必須將票送往票據交換所，確認無誤後才能將錢匯進存摺內，這一來一往的時間大約是一個月左右。

這個理論聽似有理，但是支票上有載明金額和日期，持票人可以很清楚地知道多久以後將會有多少錢進帳。但是進庫後所得到的神明財，一沒有寫日期，不知何時進帳，二沒有寫金額，也不知道將進來多少錢，這對滿心期待的人來說，似乎又陷入遙遙無期的期待中了。

但正如前面所說的，在人間，「錢」被視爲重要之物，正所謂錢非萬能，但無錢萬萬不能，按因果律來說，現在的有錢人並非前世也是個有錢人，應該說今世的有錢人，是前世累積很多功德的人，有前世的功德透過輪迴運作的交換，才變爲今世的有錢人。向神明祈求財富也是這個道理，神明所給的財是來自於祂的功德所得，因爲你經常性的與祂「締結關係」，大家由陌生人變成自己人，因此，神明才會將祂的功德賜予給現在缺財的你。

理解了這一層面的關係，就可以依理推論爲何要一個月後才能去請求「開庫」。第一，天界剛直的定律會依此裁定你所求的神明，他有多少功德可以給你；第二，你的所作所爲、得失缺過，可以有多少功德能夠轉化爲現世財給你使用？按照這兩個條件，才能決定開庫的金額。

所以說，開庫的金額是可以由你自己決定的！想要多少金額，自己就要有打算做多少功德回饋給引導神，使祂能在賜你財時，越給越多。

有個窮人餓死後就去狀告玉皇大帝，他告住家附近的財神爺，說他平日省吃儉用，買雞買鴨孝敬財神，財神卻一直都不照顧他，讓他白白餓死。玉帝覺得窮鬼說的很有道理，於是把財神叫來問，爲何沒送財讓人餓死？財神百口莫辯地說，他已經送到他家門口了，但這個窮人一直躺在床上，連開個門取財他都懶，身爲財神的他又有什麼辦法？

這個類似寓言的故事，其實就是要警惕世人，**老天爺給的是機運，但如果自己不去努力爭取，即使財到門口也無法入袋爲安。拜神求財也是相同的道理，財是由功德所轉化，不努力工作、不勤於功德佈施，引導神即使有心相挺也是徒呼奈何**。

至於兌現的時機又是何時？這是根據個人的因果定律還決定的，假如把鴻圖大展理解爲「旺運」，時運不濟理解爲「弱運」，旺運是來自於福報的業力相助，弱運是來自冤親債主業力的干擾，那麼神明賜財的兌現時間就必須在旺運時，才會以錦上添花的方式，讓你見到開花結果的成就感。不過走弱運時神明並不是沒有雪中送炭，或許神明也已一報還一報，緩減了弱運時的不濟。

朋友小何就曾經因爲這樣的際遇而興奮莫名。有一年，他按照補庫、進庫、開庫逐一做完後，正好接到一筆足以讓他起死回生的訂單，於是他很興奮地找了幾位大師幫他預測他將會有多少錢進帳。每位大師預測的數字都大同小異，讓他也倍感開心，但是臨到交貨期時，廠商那邊突然追加訂單，追加的利潤遠超過原來的訂單，這時令他大驚神祇的不可思議。他把多出來的利潤理解爲是得自神尊的庇佑，從此每年他除了工作外，更是賣力於每年的「三庫」活動，走出過去的陰霾，現在他逢人就說他的引導神事蹟，想來這也是讚頌聖號的功德之一吧。

天界的「票據交換所」就是三官大帝。三官大帝是指「天官」、「水官」、「地官」，他們統管人間獎善罰惡，所謂天官賜福、水官解厄、地官赦罪。前述的事全做完後，三官大帝將根據我們的所作所爲予以最後的審核，符合天律法規者，免去其罪、赦去其厄，最後賜福予人，因此開庫必須請三官大帝作主，做最後的通關放行。

在決定去開庫之前，必須先將下列的紙錢數量，悉數先向三官大帝稟報，多則減、少則增，擲筊通過後，就可以如期前往辦理開庫了。

開庫需準備的物品

1、四色金三份。
2、刈金十支。
3、福金十支。
4、壽生蓮花六朵。
5、壽生元寶三百六十顆（至少，越多越好）。
6、天錢三十支。
7、水錢三十支。

8、地錢三十支。

9、解厄錢十支。

10、壽生錢一刀。

11、甲馬三支

12、黃錢、白錢各三支。

開庫的拜拜步驟

向三官大帝求開庫的步驟，和補庫、進庫是相同的，只是稟報時改爲「開庫」即可。而要準備的四品禮物也差不多，如下：

1、花、果、燭以及上述紙錢。

2、功德單。

3、稟報時，一樣須先朝外呼請你的引導神駕臨，其次入廟依序先求三官大帝開庫，再稟其他配祀神尊。稟文如下：

> 奉香拜請○○宮三官大帝在上、案上諸神佛在上，弟子○○○民國○○年○○月○○日吉時出生，現居○○○○○○○，於今日良辰吉時備辦四品禮物，在師尊○○神帶領下，前來祈求為弟子辦理開庫事宜，祈請明察鑒納，將無形財化為有形財，助弟子一臂之力得以人間事業圓滿，並能行有餘力、建功造德答叩天恩。謹此，再三叩拜。

4、稟報完後，再擲筊請示是否可以化寶燒紙錢，如果是聖筊就將蓮花、紙錢、元寶、功德單一併燒化即可。

開庫是一個簡單、隆重且不能忽視的一道手續，它代表冥界願意不計前嫌、神界願意鼎力相助，幫助你達成你的願望，並且期許你己利利人、己達達人。本書實在很不願意一再強調功德換財富的現實主張，但這的確是必須的一種財富轉換方式。**無功無德的人要想求財求富，必須先求渡化大過大非，而後才能舉香上求，心想事成之後必定要建功立德，才能讓神明所賜的財富一直延伸下去。**

引導神是你的守護神也是擔保神，祂除了肩負引導你靈性提升之外，同時也是擔保你會履行承諾的神祇，如果有朝一日行事中斷，或是因富而驕奢，祂也必須和你一樣共同承擔後果。

神界和人界是一種相互幫助提升的微妙關係，你不前進，祂必須拉你向上，你向下冥頑不靈，祂也只能黯然離去，再去尋找其他願意和祂一起向上提升的人。所以，一心向上、向善的人才能蒙神庇佑，否則只能依循因果業力累世輪迴了。

「三赦」、「三庫」的求財步驟做完後，整個過程也差不多了！接下來端看蒙天道扭轉後的命運，以及個人是不是願意積極進取，重新創建自己的人生舞台。在此必須強調的是，由於我們無法確切地知道會從神尊那裡得到多少財富，因此只能默默地耕耘，一分努力一分收穫，一旦美好的機運到來，辛苦的努力是絕對不會白費的。

不過也不要因爲只做過一次以上程序，就天天引頸期盼好運降臨，成功是掌握在自己手上的，**老天爺只是給願意努力的人更多機會而已**，有時換個角度想，老老實實地付出，誠誠懇懇地做事，雖然並不知道會擁有多少報償，但是答案揭曉那天，喜出望外、喜從天降的驚呼，不也是奇蹟的另一種快感？

這世間富人肯定比窮人少很多，爲何人富我窮？爲何這世間這麼不公平？想這麼多就會變有錢、變公平嗎？這就像被拋棄的女子一般，歪著一張苦瓜臉問負心漢：「我對你這麼好，連命都可以不要，爲什麼你不愛我？」負心漢除了無語還是無語，那是命啊！與其問那麼多無解的爲什麼，還不如把時間花在尋找下一個懂得珍惜你的人。

窮轉富也是同樣的道理，別去問人家爲何有錢，還不如好好反省、好好思考該怎麼去賺錢來得可靠。那個已經習慣窮三代的日本阿嬤不就是很好的例子？先安頓身心，然後再力求創造，從「心」去感受自己該如何營造未來才是最可貴的精神，幫助自己也幫助別人，大家共榮共存才是眞正的富裕。

「三赦」、「三庫」是很多人在求財時所必須經歷的，以我個人的經驗來說，在眾多的求財法中，它是屬於最穩定、安全、長效的作法，不需要擔心任何的副作用，也不用擔心要拿未來的財或是子孫的財先行享用。**拜拜並非法術，它是透過神界能量的引導，先行將自己的靈性能量徹底淨化，然後再經由神靈的聖潔之光予以加持，達到財利雙收的目的**。但是，財利只是一般人的欲望，對莊嚴崇敬的拜神哲學來說，只是一個旁枝末節的微小作用而已，最終的目的，仍然是爲引導人性提昇、共進清靈境地。

經歷前述的求財三步驟：「補庫」、「進庫」、「開庫」之後，接下來便需祈請福德正神運送財物入袋了！

福德正神俗稱土地公，雖然祂不在「三赦」、「三庫」之列，但祂的重要地位絲毫不惶多讓。土地公等同於國營的郵政單位，在求財的過程中，土地公肩負運送之責，必須確保財物安全抵達。因此，禮敬福德正神，祂的運送速度將等同航空快遞一般迅速；若當祂只是一個小小的土地公不放在眼裡，那麼財物運送就可能像是海運般龜速。不是土地公宮從中作梗，而是祂按業力期滿的時間進行配送。更重要的是，福德正神也會幫人進庫、開庫，所以金光閃閃的福德正神可是不容小覷的！

早些年由於受到福德正神給的「私房錢」幫助相當多，因此養成習慣，在開庫後都會去向祂老人家稟報，幾年下來，越發覺得福德正神在求財過程中所佔的重要地位。有一年開完庫的隔天，隨著大家到宜蘭四結的金土地公廟拜拜，大家也都依例逐一請求土地公庇佑財源廣進等等，最後仍然擲筊請示是否可以燒化紙錢，每一個人都得到應允的聖筊，唯獨我怎麼擲都是否定的筊意。按一般經驗的理解，遇到這種情形時，不是吉就是兇，讓人很忐忑不安，當時我按照自己想像可能發生的事情逐一擲筊，也都是否定的意思，最後沒辦法，只好請出通靈的師姐前來請示，所得到的答覆是我經常去拜的土地公和四結的土地公是「好朋友」，祂特地前來拜託四結的金土地公要特別「關照」我，所以要提早將開庫的財運提早送出。得到解釋後再請示土地公，竟然是連續三個聖筊，心裡除了感謝，也不禁感到神界的奧妙。

在本書末，我特地提到福德正神土地公，並建議大家不妨在做完「三赦」、「三庫」之後再去請土地公運財，祂是一方的財政首長，握有決定運財時間的權力，所以對土地公崇拜尊敬絕對能獲得祂鼎力相助。

如何請土地公運送天地財

基本上，要拜託土地公運財入庫，最好以住家附近的土地公廟爲主，或是經常去的土地公廟爲佳。要特別注意的是，如果那家土地公廟的神桌髒亂不堪、乏人整理，那麼最好另找其他乾淨、整潔、明亮的土地公廟祈求。有靈有驗的土地公廟絕對是讓人一進去就有種金光閃閃、富裕闊綽的感覺，而不是髒亂零散的的環境，這也是一個鑑別土地公能量的簡單辦法。

此外，一些大廟或香火鼎盛的廟宇內所配祀的福德正神，也是可以祈求的對象。

請土地公運財需準備的物品

1、花生糖一包。

2、小礦泉水一瓶。

3、水果三樣。

4、福金十支。

5、黃、白錢各三支。

請土地公運財的步驟

1、將供品擺放桌上，點香祈請：

奉香拜請福德正神在上，弟子○○○民國○○年○○月○○日吉時出生，現居○○○○○○○，今日特來拜請福德正神運送天地財源，所備四品禮物敬請福德正神與虎爺大將采納，並祈助弟子財源順利興旺，特此稟報。

2、稟完後稍待約十分鐘，再擲筊請示是否圓滿？是否可燒化紙錢？若可，即代表請求圓滿順利。

3、燒化紙錢後，再向福德正神叩謝神恩，並取回礦泉水，其餘的物品留在桌上，礦泉水攜回後自己飲用即可。

本書從頭至尾將拜拜求財的步驟、原理詳細說明，務求人人在急於向神尊祈求時，能夠得到實質的助益。雖說一樣都是拿著香拜拜，但仔細參酌本書卻會發現其實大不同！許多人一路走過來，大部分的人心態調整了，生活、工作、事業、財運也都獲得了實質的有形改變，他們以感恩的心繼續在他們的崗位上付出努力，並將這一切回饋給他們的引導神。施比受更有福，站在引導神的立場，相信他們看到一個人的奮發向上，會比他們看到一個人的富有更倍感榮耀。

附錄一：送窮神的拜拜步驟

如果把各個宗教的財神、福神、祿神全部加總起來，其數量很有可能超過全世界人口的總和，相比之下，窮神、貧神、賤神就少得可憐。深究其原因，不外是人們多喜財富壽貴，因此憑其意志衍生諸多喜福神；而人們厭惡窮貧賤夭，因此肯奉祀祈求者乏善可陳。但是放眼看看眞實世界，人們忙於跪拜祈求財神降臨，而眞正大富大貴者卻寥寥可數，反倒是貧窮人口遠遠超過世界總人口數的百分之八十以上，以此來說，可見得喜神、財神即使大家伏撲相請，祂也不見得樂於走進每個人的家中，反倒是窮神不請自來，在家中安坐誓與主人榮辱與共絕不離去。

很多年前（那時個人運勢百廢待舉），有一次過年時夢見媽媽拿著一尊神像準備丟棄，我在夢中問媽媽爲何要把神像丟掉，媽媽說，這尊窮神在咱家已經待了十二年，現在時間到了要把祂送走。夢中的我驚思原來這世間還有窮神在人家中神不知鬼不覺地待著，莫怪乎我這些年來命運多舛時運不濟。於是我便幫著媽媽準備送窮神的事宜，等全部辦好剛好從夢中醒來，醒來後對這夢頗覺好笑，但又覺得似乎煞有其事歷歷在目，於是覺得不妨姑且一試，依夢中所見試辦送窮神，結果慢慢感覺漸入佳境，因此也將此「祕寶」提供出來以饗讀者。

何時「送窮神」

送窮神的時間不拘，如果可以在農曆的十二月廿四日（送神日）做更好。

準備物品

送窮神所需準備的「四品禮物」非常簡單「隆重」，如下：

● 一份紙畫的三牲祭品，以及一張寫好的送窮神文。

● 紙錢的部份，準備一支刈金和一支甲馬即可。

送神文內容（以A4黃紙書寫）

窮神閣下鈞鑒：

閣下在我家中盤桓數年不去，害我家運不濟行事狼狽，命運乖張事與願違，我所做諸多努力全因閣下閑適散逸而導致徒勞無功，而今我家米櫃漸空存款日減，失業在即舉家哀愁，惶惶度日不知何時以終。

嘆此原因全怪我不事功德不積福報，導致福神不入窮神閣下不請自來，閣下慵懶致我財運不濟，閣下性髒致我沈淪，閣下乖戾致我人事不和、閣下猥瑣致我機運不展、閣下……唉！唉！罄竹難書矣！而今我已江河日下皆因窮神閣下不事生產不佑人福所致，閣下雖貴爲神格但其性卑劣讓人不忍卒睹，但貧窮一事也不能全怪閣下，皆因我與閣下業力糾纏所致。

如今我彷若醉酒方醒，頓覺窮神閣下不應再流連寒舍，業我家今日景況實是窮神閣下任務完成，故而今日準備圖紙三牲酒品，恭送窮神閣下速離我家，往今且後切莫再來，我家今已無資糧可宴請閣下，所幸尚有紙筆，故而急急畫上魚肉雞、三杯清酒香三支，萬分誠意求您無論如何莫再入我家，山高水長天圓地方，窮神閣下急急速去天之涯地之角，從今往後不復憶念各安本位，果能如此實乃我家門之大慶，千求萬託拜請窮神莫再來，今日相送從此永隔，三牲酒品聊表寸心，求窮神閣下切莫嫌棄，若是遲遲不肯去莫怪我鹽米摔之化窮氣。

今日相送再乞來刈金一支贈予閣下當路費，甲馬奉請五路兵將來押送，窮神送往天涯一隅，此後我將洗心革面勤奮向上，尊天崇地孝親敬祖，行功造德累善積福，千方萬計以報窮神速離之恩，並憑此心志奉稟天地神明鑒納，昭炯之心青天可見，窮神閣下速速離去莫再回頭，我家陰霾盡掃招富納祥，行善積德永拒窮神莫入。

殷殷祝禱切切期盼，良辰吉日送窮神，奉請天地神明垂鑒，急急如律令。

最後，於家門口祭拜後，連同稟文、圖紙三牲、紙錢一併燒化即可。

附錄二：金紙的種類和用處

金紙的種類繁多，以下僅簡單說明本書中較常提及的金紙種類：

1 四色金：

顧名思義就是四種金紙的統稱，分別是：大箔壽金、壽金、福金、刈金。這四種紙錢可以成套使用，也可以單獨使用。「大箔壽金」是拜玉皇大帝的，「福金」是拜土地公的，「壽金」是眾神均可，「刈金」則是請神明打通關時使用。

特別一提的是，一般廟裡都會準備好四色金供香客取用，如果只是普通拜拜，那麼只需取一份即可，但若是有事相求時，則要取三份以示誠意。

2 庫錢：

「庫錢」分爲「天庫錢」、「地庫錢」、「水庫錢」，這三種庫錢是補庫時最常用到的。

「天庫」是指累積來世的錢財，以方便下次輪迴使用；「地庫」是指償還此次投胎爲人時，向陰曹地府借來使用的錢財，以免曹官前來催討；「水庫」是指今世爲人的存款多寡，「水庫」補的越多，就越能鞏固今生的財富不致意外破財。

3壽生元寶：

「壽生元寶」是以「壽生蓮花紙」所摺出來的小元寶，一般我們戲稱爲「半兩」，將元寶燒化的主要目的是以無形財換有形財，就像貨幣兌換一樣，給予冥界元寶換得新台幣。

4金元寶：

「金元寶」通常是以兩張燙金元寶摺出來的，一般稱爲「純金九九九」，以便和「半兩」做區分。金元寶摺好後還要在底部塞入五張環保福金，象徵向五方取財之意。

5　壽生蓮花：

「壽生蓮花」是用壽生蓮花紙摺出來的蓮花，一般是敬拜神明用的。壽生蓮花的標準規格是蓮花用十八張壽生紙，蓮花座用三十六張，總共五十四張，對摺後共爲一百零八張，代表宇宙上下四方，其作用是請神佛賜福。

6　往生蓮花：

往生蓮花的樣式基本上與壽生蓮花相仿，不同的是往生蓮花紙上印的是「大悲心陀羅尼」，藉由咒文將往生者或孤魂野鬼渡往佛國淨土，一般都使用在祭拜祖先、超渡法會、殯葬、赦因果業力時使用，不做敬神拜佛之用。

7　補運錢：

「補運錢」顧名思義是用來補運用的，但某些地方也會使用「補運金」作爲補運的紙錢。

南北兩地的補運錢有些不同，南部的補運錢是將幾張紙錢用紅紙包成一封；而北部的補運錢則是在外包裝上印有圖樣以及「補運錢」三個字。

至於「補運金」，則是將印有大悲咒的經紙包成一小封，作爲補運之用，此法比較盛行於桃竹苗一帶的廟宇。但不管「補運金」或「補運錢」，其作用都是相同的，主要目的是打通冤親債主，先支付一點零用錢以安撫冤親債主，免得它們阻礙當事人的好運。

8 本命錢：

本命錢是傳統的紙錢，上面印有簡單的道教經文，南北各地民風不同，經文也不一樣，但主要的作用是爲了償還地府欠款。有此一說，人轉世來人間時，都是向地府曹官先行借貸，因此，當財運不佳時，便以爲是地府曹官催債，此時要先以本命錢奉化燒還，以便有借有還再借不難，藉此希望可以再借一筆扭轉人間的財運。

9 往生錢：

往生錢是燒給剛過世的亡者，希望他回到陰間後仍有錢財使用。

10 巾衣：

巾衣有人誤植爲「更衣」或「金衣」，巾衣紙上印的是一些諸如梳子、毛巾、衣服等等的盥洗用品與衣物，因此，按其使用方式應正名爲「巾衣」，這種紙錢是鬼神通用，例如亡魂或五營兵將等等都可以使用。

11 甲馬：

甲馬是民間拜拜習俗中，燒給靈界辦事們的兵將用的，因爲我們向神祇求，神就會派兵將來幫助我們，因此燒甲馬是爲了犒賞兵將們的辛勞。

12 黃白錢：

黃白錢是指黃錢與白錢，分別代表黃金、白銀之意，很多時候也會用在拜神祈福，一般來說，黃、白錢是神鬼通用，祭典中常會用到，近年來很多人會用黃、白錢拜虎爺，主要的目的就是希望送虎爺財寶，可以請虎爺咬來同等財富相贈。

國家圖書館出版品預行編目資料

這樣拜才有錢／王品豊 著. --初版.-- 台北市：春光出版：家庭傳媒城邦分公司發行，2011（民100）
面； 公分. --

ISBN 978-986-120-583-0 (平裝)

1.祠祀 2.祭禮 3.民間信仰

272.92 100000424

這樣拜才有錢（拜拜系列之二）

作　　者／王品豊
企劃選書人／劉毓玫
責任編輯／張婉玲
內文編輯／劉毓玫

版權行政暨數位業務專員／陳玉鈴
資深版權專員／許儀盈
資深行銷企劃／周丹蘋
業務主任／范光杰
行銷業務經理／李振東
副總編輯／王雪莉
發 行 人／何飛鵬
法律顧問／元禾法律事務所 王子文律師
出　　版／春光出版
台北市民生東路二段141號8樓
電話／(02)25007008 傳眞／(02)25027676
部落格：http://stareast.pixnet.com/blog
Email:stareast_service@cite.com.tw
發　　行／英屬蓋曼群島商家庭傳媒股份有限公司城邦分公司
台北市中山區民生東路二段141號11樓
書虫客服服務專線：02-25007718・02-25007719
24小時傳眞服務：02-25001990・02-25001991
服務時間：週一至週五 09:30-12:00・13:30-1700
劃撥帳號：19863813 戶名：書虫股份有限公司
讀者服務信箱 E-mail:service@readingclub.com.tw
歡迎光臨城邦讀書花園 網址：www.cite.com.tw
香港發行所／城邦（香港）出版集團有限公司
香港灣仔駱克道193號東超商業中心1樓
電話：(852) 25086231 傳眞：(852) 25789337
E-mail:hkcite@biznetvigator.com
馬新發行所／城邦（馬新）出版集團【Cite(M)Sdn. Bhd.(458372U)】
11, Jalan 30D/146, Desa Tasik,
Sungai Besi, 57000 Kuala Lumpur, Malaysia.
電話：603-9056-3833 傳眞：603-9056-2833
E-mail：cite@cite.com.my

封面設計／黃聖文
內頁設計／小題大作・游淑萍
印　　刷／高典印刷有限公司

2011年（民100）3月8日初版 Printed in Taiwan.
2021年（民110）1月28日初版1.3刷

城邦讀書花園
www.cite.com.tw

售價／260元

ISBN 978-986-120-583-0

廣 告 回 函
北區郵政管理登記證
台北廣字第 000791 號
郵資已付，免貼郵票

104 台北市民生東路二段 141 號 11 樓

英屬蓋曼群島商家庭傳媒股份有限公司
城邦分公司

請沿虛線對摺，謝謝！

愛情・生活・心靈
閱讀春光，生命從此神采飛揚

春光出版

書號：OC0058X　　書名：這樣拜才有錢（拜拜系列之二）

請於此處用膠水黏貼

讀者回函卡

謝謝您購買我們出版的書籍！請費心填寫此回函卡，我們將不定期寄上城邦集團最新的出版訊息。

姓名：________________

性別：□男　　□女

生日：西元________年________月________日

地址：

聯絡電話：________________　傳真：________________

E-mail：________________

學歷：□1.小學 □2.國中 □3.高中 □4.大專 □5.研究所以上

職業：□1.學生 □2.軍公教 □3.服務 □4. 金融 □5.製造 □6.資訊

□7.傳播 □8.自由業 □9.農漁牧 □10.家管 □11.退休

□12.其他________________

您從何種方式得知本書消息？

□1.書店 □2.網路 □3.報紙 □4.雜誌 □5.廣播 □.6 電視

□7.親友推薦 □8.其他________________

您通常以何種方式購書？

□1.書店 □2.網路 □3.傳真訂購 □4.郵局劃撥 □5.其他

您喜歡閱讀哪些類別的書籍？

□1.財經商業 □2.自然科學 □3.歷史 □4.法律 □5.文學

□6.休閒旅遊 □7.小說 □8.人物傳記 □9.生活、勵志

□10.其他________________

請於此處用膠水黏貼